FABRICE BOUVIER

365 JEUX À FAIRE AUX TOILETTES

Édition 2014

Du même auteur, aux éditions Marabout :

Le Grand Livre des logigrammes (2007)

C'est logique ! (2007)

Jeux de logique et autres casse-tête (2007)

Petits Problèmes de logique (2007)

365 Jeux à faire dans le train (2008)

365 Jeux à faire dans le lit (2008)

Menez l'enquête ! (2009)

365 Jeux à faire devant la machine à café (2010)

365 Jeux à faire à l'apéro (2010)

Conception et réalisation : MediaSarbacane

Conception des cryptogrilles : Barton Suligowski

FABRICE BOUVIER

365 JEUX À FAIRE AUX TOILETTES

Édition 2014

MARABOUT

Les jeux de cet ouvrage sont classés selon trois niveaux de difficulté, indiqués par les pictogrammes suivants :

FACILE

MOYEN

DIFFICILE

Certains jeux de cet ouvrage se jouent collectivement. En voici les consignes :

Le jeu du dictionnaire : pour chaque mot, le jeu consiste à retrouver celui qui figure juste avant et/ou juste après dans un dictionnaire de référence. En tant que maître du jeu, vous connaissez la solution. Chaque tentative de vos amis doit permettre de resserrer la fourchette et donc de s'approcher du mot recherché.

Remue-méninges : l'un de vous joue le rôle du maître du jeu et connaît la réponse. Il répond ensuite aux invités uniquement par oui, par non ou par « ce n'est pas important ».
Plusieurs scénarios sont évidemment envisageables pour chaque énigme. Le but est de retrouver celui que nous vous proposons. Vous découvrirez ainsi que certains de vos amis, incapables de résoudre une suite logique mathématique, ont toutefois une capacité d'abstraction nettement supérieure à la moyenne pour inventer des scénarios auxquels vous n'auriez jamais pensé…

Imprimé en Italie par Rotolito
pour le compte des Éditions Marabout
Dépôt légal : avril 2013
ISBN : 978-2-501-08615-8
41.3019.1 / 01

NOTES

NOTES

NOTES

NOTES

NOTES

NOTES

355 Cryptos rigolos

« Ah ! je t'aime Julie, tellement que je boufferais ta merde, même si tu faisais des étrons grands comme ça. »

356 Décompostion

1. Enfourcher, sopors. 2. Russophone, forcer. 3. Nécrophores, fours. 4. Fourchons, reposer. 5. Choperons, fourrés.

357 Motocrotte

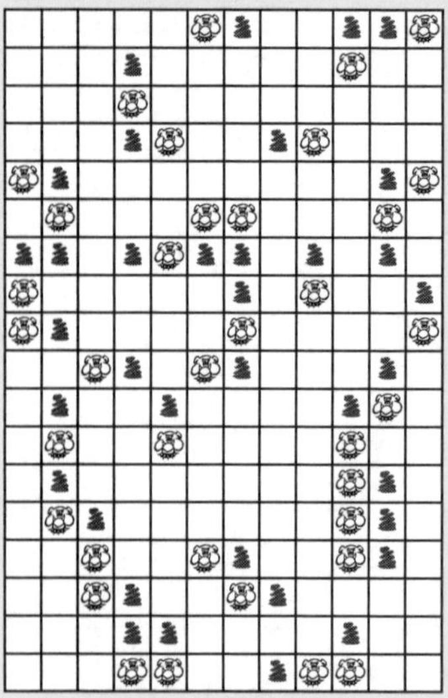

358 Cryptos rigolos

« ...de transformer les vessies en lanternes. Qu'il ait du talent, et ses mensonges deviennent plus vrais que des certitudes. »

359 Petit coin malin

« Un vieillard est un homme qui a dîné et qui regarde les autres manger. »

360 Différences

361 Sudoku

2	9	7	4	8	5	6	3	1
4	1	8	6	7	3	9	5	2
6	3	5	9	1	2	8	4	7
7	5	2	1	4	8	3	9	6
3	8	6	7	2	9	5	1	4
1	4	9	5	3	6	7	2	8
8	2	4	3	9	7	1	6	5
5	7	3	2	6	1	4	8	9
9	6	1	8	5	4	2	7	3

362 Cubes... essais

La vue B est impossible.

363 Cryptos rigolos

« Un réactionnaire, c'est quelqu'un qui prend les lanternes pour des vessies. »

364 Charade

Charade (chat-rade).

365 Petit coin malin

« Manger est un besoin de l'estomac ; boire est un besoin de l'âme. »

347 Décomposition

1. Cohabite, Hopis. 2. Hochepot, biais. 3. Ophites, cohiba. 4. Chaïote, bishop. 5. Biotope, hachis.

348 Motocrotte

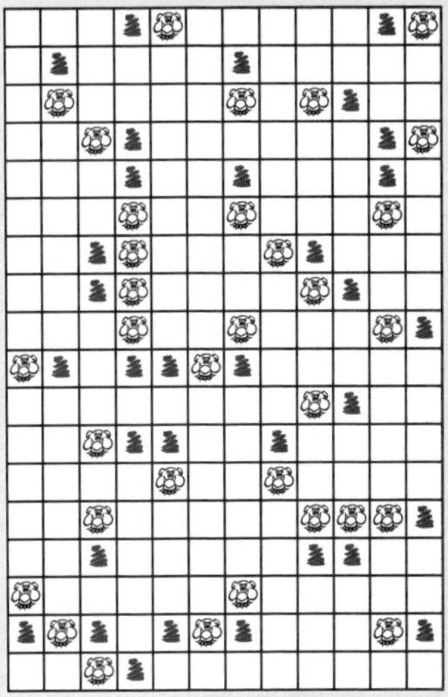

349 Cryptos rigolos

« Uriner dans la nature est un rite religieux par lequel nous promettons à la terre d'y retourner, un jour, tout entier. »

350 Chanson à trous

Quatre, communion, seul, appréhension.

351 Différences

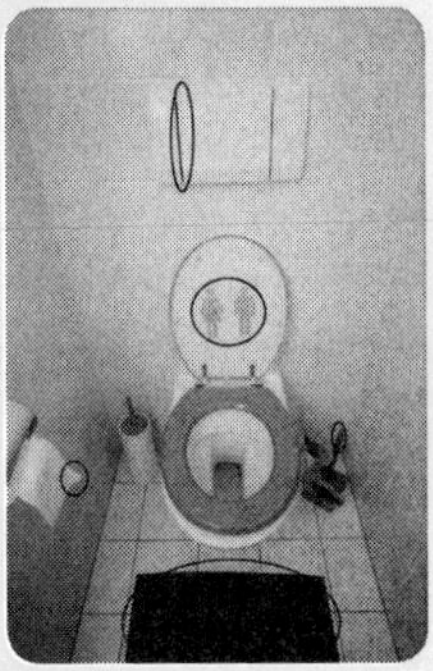

352 Logique

94.

Raisonnez par colonne. Additionnez le nombre du haut et celui du bas, puis inversez les chiffres du résultat pour l'inscrire au milieu. Ainsi, 21 + 15 = 36, on note 63 ; 37 + 20 = 57, on note 75 ; 10 + 40 = 50, on note 05, donc 5. Par conséquent, puisque 32 + 17 = 49, on doit remplacer le point d'interrogation par 94.

353 Petit coin malin

« Manger de la soutane, ça ne se digère pas. »

354 Remue-méninges

Huit heures en allemand se dit : *Acht Uhr*. Pendant la Seconde Guerre mondiale, un couvre-feu était imposé à 20 heures. Les soldats allemands l'imposant criaient donc : *Acht Uhr* aux promeneurs attardés, d'où se faire appeler Arthur au sens de se faire disputer.

338 Entre deux mots

1. Chat-huant, chauve-souris. 2. Chaude-pisse. 3. Chaumes, Chaussée aux moines, Chavroux, cheddar, chester, chèvre, Chevrotin. 4. Châteauroux, Chaumont. 5. Cheeseburger. 6. Chewing-gum. 7. Chemin des Dames. 8. Chauvet. 9. (Le) Chat botté. 10. Chérubin.

339 Le trône

Victoria du Royaume-Uni.

340 Passe-temps

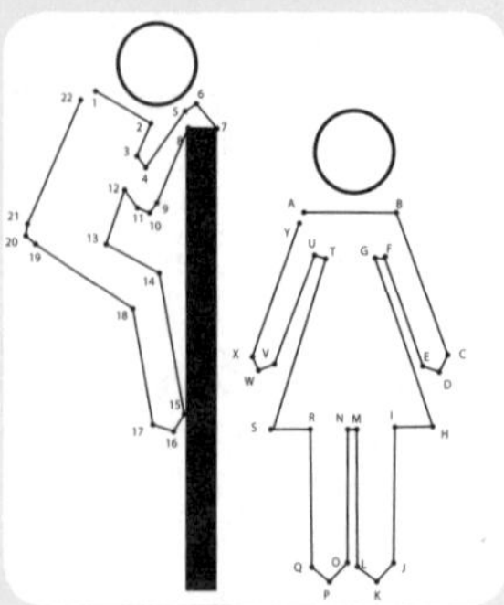

341 Objectif 65

8	12	19	5	21
20	1	23	7	14
22	9	15	16	3
11	18	2	24	10
4	25	6	13	17

342 Quèsaco

Lire entre les lignes.

343 Le lien

Le lien invisible est la séquence « TER » que l'on peut ajouter à tous les mots de la liste : intervention, tourterelle, interchangeable, déterminer, terminus, paternel.

344 Sandwich

Fumer une souche.

S	A	F	A	R	I
A	M	U	S	E	R
N	O	M	M	E	E
S	H	E	R	R	Y
P	U	R	E	T	E
I	G	U	A	N	E
S	A	N	T	A	L
S	M	E	G	M	A
E	S	S	O	R	S
N	I	O	L	E	S
L	O	U	C	H	E
I	N	C	U	I	T
T	C	H	A	N	S
S	I	E	S	T	E

345 Métamorphose

Le PAPION est un singe cynocéphale (au museau rappelant celui d'un chien) qui se transforme en PAPILLON.

346 Méli-mélo

Whoopi Goldberg, Rita Hayworth, Emma Thompson.

327 Passe-temps

12 lunettes relevées.

328 Petit coin malin

« Manger est humain, digérer est divin. »

329 Bégaiements

1. Tananarivien. 2. Proroger. 3. Lysosome. 4. Constatation. 5. Répétitif.

330 Dédale

« On les a dans ses bras - puis un jour sur les bras - et bientôt sur le dos. »

331 Anastars

Le Mexicain, Marcel Amont.

332 Alphaku

Le verbe PSYCHOTER est entré dans les dictionnaires en 2013.

C	P	S	H	Y	R	E	O	T
T	Y	O	S	C	E	P	R	H
E	R	H	O	T	P	Y	C	S
S	T	E	R	P	H	C	Y	O
Y	O	R	T	E	C	H	S	P
H	C	P	Y	O	S	R	T	E
R	H	C	E	S	T	O	P	Y
O	E	T	P	R	Y	S	H	C
P	S	Y	C	H	O	T	E	R

333 Substitution

BR remplace S (brèche, vibreur, brouillon, cabrant, bravoure, braillant).

334 Coupe-lettre

Roland Topor.

1R. Vitaux. 2O. Rangés. 3L. Imposé. 4A. Triple. 5N. Métaux. 6D. Tarifs. 7T. Génial. 8O. Signer. 9P. Louant. 10O. Gaulis. 11R. Idéaux.

335 Playlist

1. Idéfix. 2. Obélix. 3. Panoramix. 4. Abraracourcix. 5. Bonemine. 6. Assurancetourix. 7. Cétautomatix, fils de Cétaubofix. 8. Ordralfabétix. 9. Âgecanonix. 10. Falbala. 11. Goudurix. 12. Prolix. 13. Zérozérosix. 14. Mannekenpix. 15. Jolitorax. 16. Numérobis. 17. Tullius Détritus. 18. Baba. 19. Barbe-Rouge. 20. Triple-Patte.

336 Différences

319 Remue-méninges

Être désorienté. L'orient, c'est l'Est. Curieusement, donc, être désorienté devrait signifier avoir perdu la direction de l'est et nous disons perdre le nord ! D'ailleurs, on dit également de quelqu'un de désorienté qu'il « est à l'ouest », ce qui semble plus logique.

320 Le trône

Soliman Ier.

321 Balances

52 triangles.

Multiplions par 5 la seconde balance : 10 boules + 5 triangles = 20 carrés.

5 triangles = 20 carrés – 10 boules = 3 carrés – 1 boule (balance 1) donc 17 carrés = 9 boules.

Multiplions maintenant par 2 la première balance : 6 carrés = 2 boules + 10 triangles, 2 boules = 6 carrés – 10 triangles = 4 carrés – 1 triangle (balance 2)

donc 2 carrés = 9 triangles.

Puisque 17 carrés = 9 boules, 34 carrés = 18 boules,

donc 18 boules = 17 x 2 carrés = 17 x 9 triangles = 153 triangles,

soit en divisant par 9, 2 boules = 17 triangles.

2 boules + 2 carrés, cela vaut donc 17 triangles + 9 triangles = 26 triangles.

Et 4 boules + 4 carrés, cela vaut par conséquent le double, soit 52 triangles.

322 Passe-temps

42.

323 Logique

9.

Sur chaque ligne, le produit des deux premiers nombres est égal à la somme des deux derniers. Ainsi, 5 x 3 = 7 + 8 ; 2 x 8 = 9 + 7 ; 3 x 3 = 8 + 1. Puisque 6 x 3 = 18, il manque un 9 pour que 9 + 9 = 18.

324 Sudoku

3	7	4	1	9	8	2	5	6
8	6	5	2	3	7	1	9	4
2	1	9	6	4	5	7	8	3
7	5	3	4	8	9	6	2	1
4	9	6	7	1	2	8	3	5
1	2	8	5	6	3	9	4	7
6	3	7	8	2	4	5	1	9
9	8	1	3	5	6	4	7	2
5	4	2	9	7	1	3	6	8

325 Dictionnaire

La marquise de Pompadour, Pompée, Pompéi, Pompidou.

326 Différences

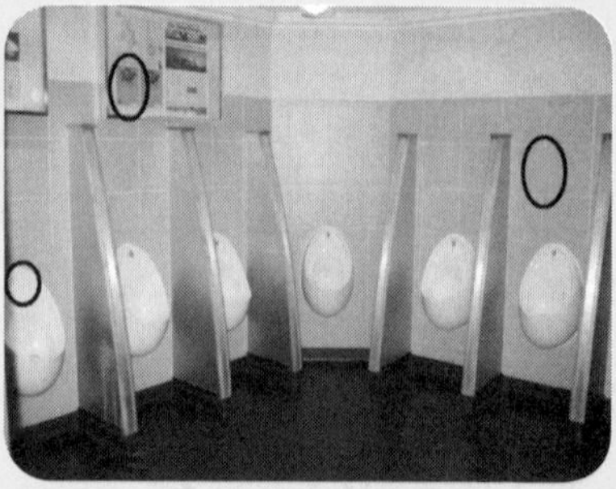

311 Motocrotte

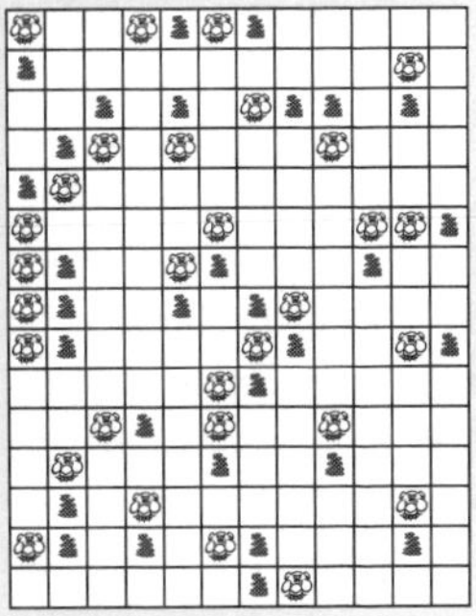

312 Différences

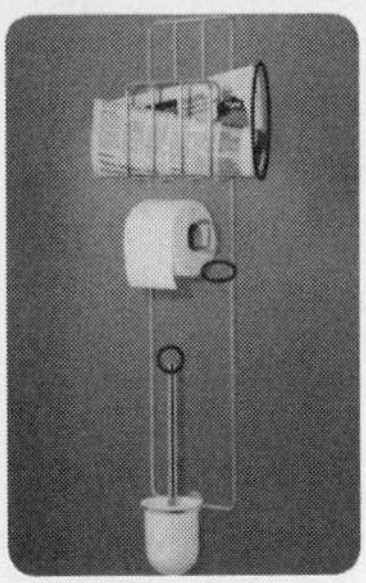

313 Playlist

Comptez un point par titre figurant dans la liste suivante : *Tintin au pays des Soviets, Tintin au Congo, Tintin en Amérique, Les Cigares du pharaon, Le Lotus bleu, L'Oreille cassée, L'Île noire, Le Sceptre d'Ottokar, Le Crabe aux pinces d'or, L'Étoile mystérieuse, Le Secret de La licorne, Le Trésor de Rackham le Rouge, Les Sept Boules de cristal, Le Temple du Soleil, Tintin au pays de l'or noir, Objectif Lune, On a marché sur la Lune, L'Affaire Tournesol, Coke en stock, Tintin au Tibet, Les Bijoux de la Castafiore, Vol 714 pour Sydney, Tintin et les Picaros, Tintin et l'Alph-Art* (inachevé).

314 Charade

Rayon sanitaire (Ray-on-sa-nid-Terre).

315 Cryptos rigolos

« Il y a trois choses qui nous accompagnent jusqu'à la mort : le sang, l'urine et les excréments. »

316 Cryptogrille

Un homme se rend à son travail et porte son attaché-case.

Mais si vous voyez un voyageur avec un sac qui se rend à l'aéroport, c'est que vous êtes un incorrigible optimiste !

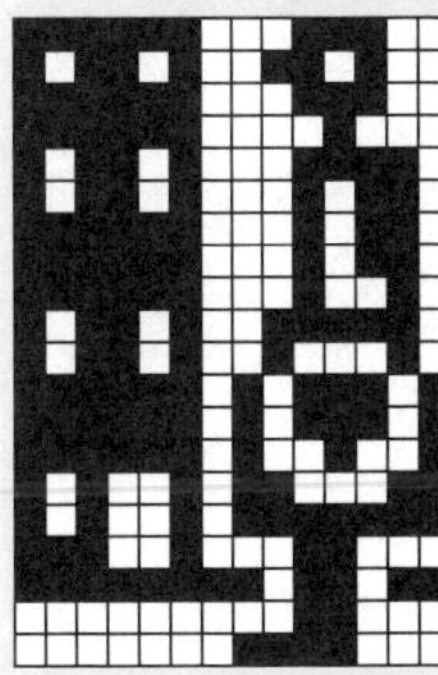

317 Le lien

Le lien invisible est la séquence « COL » que l'on peut ajouter à tous les mots de la liste : colchique, bricole, colporteur, mélancolique, décollation, collatéral, colère.

318 Chanson à trous

Arrogante, élégante, tartine, confiture, graffiti, mur.

302 Quèsaco

Couper les ponts.

303 Métamorphose

Les expressions de part et d'autre du signe d'égalité sont des anagrammes. Chacune utilise uniquement les neuf lettres E, E, E, L, N, O, T, V et W.

304 Différences

305 Crescendo

Ion, coin, nocif, confié, confiné, infécond, confident.

306 Le trône

Pierre Ier le Grand.

307 Petit coin malin

« La vanité qui veut s'exercer trouve toujours matière : je sais des gens fiers de leur constipation. »

308 Curiosité

Chacun correspond à l'un des chiffres oinos, duwo, ter, kwetwor, penkwe, seks et sept.

Le sanglier est *singularis porcus* (solitaire, un), le diplôme est à l'origine une feuille pliée en deux, le trèfle a trois feuilles, on découpe des carrés de pierre dans la carrière, le punch est une boisson indienne contenant cinq ingrédients (de l'hindi *panch*), la sieste se faisait à la sixième heure et le septentrion (ou nord) tire son nom de la petite ourse ou constellation des sept-bœufs.

309 Sandwich

Vider un lapin.

P	A	V	A	N	E
O	G	I	V	A	L
E	N	D	U	I	T
S	P	E	L	E	O
I	R	R	I	T	E
E	C	U	M	E	R
P	O	N	E	Y	S
O	B	L	O	N	G
E	G	A	L	E	E
S	A	P	H	I	R
I	N	I	T	I	E
E	N	N	U	Y	E

291 Cryptogrille

Une poire.

292 Petit coin malin

« La rétention de l'information est une forme de constipation du savoir. »

293 Cubes... essais

La vue D est impossible.

294 Anaphrase

POILAIENT.

1. Pharaoniques. 2. Opérationnel. 3. Immatérielle. 4. Lituaniennes. 5. Antarctiques. 6. Irréalisable. 7. Enseignement. 8. Numérotation. 9. Technocratie.

L'anagramme au poil est ÉPILATION.

295 Passe-temps

68 rouleaux blancs et 82 rouleaux noirs.

296 Orientation

Les figures C et G sont identiques.

297 Décomposition

1. Visage, inspiré. 2. Épaissir, vigne. 3. Virginie, passe. 4. Paniers, vigies. 5. Aigri, pensives.

298 Charade

Réservoir d'eau (ré-sert-voir-do).

299 Logique

7 fois.

Le nombre de fois où un personnage fréquente les toilettes est égal au rang qu'occupe la lettre R dans son prénom. Pour Rémi, c'est l'initiale, donc une seule fois. Le R est en troisième position chez Marcel, en huitième chez Alexandre... Il est absent chez Matthieu et Cunégonde et le tiret de Jean-François permet la double interprétation : six ou sept. Chez Théophraste, aucune ambiguïté, ce sera sept fois.

300 Anastars

Le Soleil de ma vie, Sacha Distel.

301 Cryptos rigolos

« Pour être heureux, il faut beaucoup dormir et bien déféquer. L'insomniaque et son cousin germain le constipé sont les damnés de la terre. »

7. Buffalo Bill. 8. Buckingham Palace. 9. Brocéliande. 10. Broadway.

286 Le trône

Humbert II d'Italie.

287 Playlist

Comptez un point par proverbe figurant dans la liste suivante : Autant en emporte le vent ; c'est en forgeant qu'on devient forgeron ; avec des « si », on mettrait Paris en bouteille ; en avril, n'ôte pas un fil, en mai, fais ce qu'il te plaît ; la fortune vient en dormant ; heureux au jeu, malheureux en amour ; nul n'est prophète en son pays ; Paris (ou Rome) ne s'est pas fait(e) en un jour ; un homme averti en vaut deux (proverbe à deux points) ; à la Sainte-Luce, les jours croissent du saut d'une puce ; l'habitude est une seconde nature ; il faut qu'une porte soit ouverte ou fermée ; une fois n'est pas coutume ; une hirondelle ne fait pas le printemps ; entre (ou de) deux maux, il faut choisir le moindre ; deux avis valent mieux qu'un ; un tiens vaut mieux que deux tu l'auras.

288 Différences

289 Sudoku

5	7	6	8	2	3	9	1	4
3	8	9	5	4	1	2	7	6
4	2	1	9	6	7	5	3	8
1	4	7	2	3	6	8	9	5
9	3	8	7	5	4	1	6	2
2	6	5	1	8	9	3	4	7
7	9	2	4	1	8	6	5	3
8	1	3	6	7	5	4	2	9
6	5	4	3	9	2	7	8	1

290 Balances

11 carrés.

Multiplions par deux la première balance : 2 boules + 2 triangles = 8 carrés,

2 triangles = 8 carrés – 2 boules. Dans la balance 2, 2 triangles = 3 boules + 1 carré, donc 8 carrés – 2 boules = 3 boules + 1 carré.

Enlevons 1 carré et ajoutons 2 boules de chaque côté : 7 carrés = 5 boules.

Que valent donc 1 triangle + 6 boules ? Si l'on l'écrit (1 triangle + 1 boule) + 5 boules, il vient facilement que la partie entre parenthèses vaut 4 carrés (balance 1) et la seconde partie, 5 boules, vaut 7 carrés, ce qui fait un total de 4 + 7 = 11 carrés.

274 Motocrotte

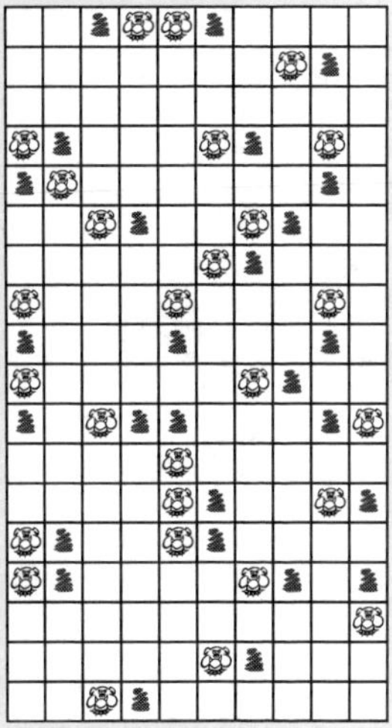

275 Le lien

Le lien invisible est le mot « mort » : tête de mort, mort-aux-rats, temps mort, mort de rire, mort aux vaches, croque-mort.

276 Collage

Auriculaire, cervelet, clavicule, genou, jéjunum, larynx, métacarpe, œsophage, péroné, poumon.

277 Crescendo

Têtu, toute, tutoie, quotité, quotient, toquaient, équitation, antitoxique.

279 Cryptos rigolos

«...parce qu'ils ont secrètement inversé leur système digestif : ils chient par la bouche et parlent de l'autre côté. »

280 Anaphrase

BIOSPHÈRE.

1. Bienvenus. 2. Impériale. 3. Oppresser. 4. Souteneur. 5. Prodiguée. 6. Harcelant. 7. Évictions. 8. Révoquant. 9. Exorciste.

L'anagramme est PROHIBÉES.

281 Charade

Quotidienne (Coty-dit-n).

282 Substitution

L remplace C (ballonnet, lassante, évaluation, servile, elliptique, délaisser).

283 Remue-méninges

De l'obscurité. Une réglementation médiévale interdisait d'imposer un travail après la tombée de la nuit. Certains maîtres ou employeurs peu scrupuleux allumaient des bougies et forçaient leur personnel à continuer leur tâche « au noir », à la maigre lumière des bougies. Le travail illégal, au noir, était né.

284 Petit coin malin

« W.-C. : après avoir tiré la chasse, on perd sa place. »

285 Entre deux mots

1. Bouledogue, bouvier, boxer, braque, bulldog. 2. Bourgeon, branche, brindille. 3. Bouvière, brème, brochet, brosme, cabillaud. 4. Brasero, bravo, brio, bronco, bushido. 5. Brasilia, Bratislava, Brazzaville, Bridgetown, Bruxelles, Bucarest, Budapest, Buenos Aires, Bujumbura. 6. Buridan.

266 Anastars

Pour le plaisir, Herbert Léonard.

267 Sandwich

Faire ronfler Thomas (un thomas est un vase de nuit destiné aux besoins pressants).

S	A	F	R	A	N
I	S	A	T	I	S
P	O	I	V	R	E
A	C	R	E	T	E
S	U	E	U	R	S
D	O	R	M	I	R
E	T	O	N	N	E
P	A	N	T	I	N
O	F	F	E	R	T
T	A	L	Q	U	E
P	R	E	C	I	S
A	B	R	I	T	E
S	A	T	Y	R	E
D	E	H	O	R	S
E	G	O	R	G	E
P	O	M	M	E	S
O	P	A	L	I	N
T	A	S	S	E	R

268 Le trône

Mohammad Reza Pahlavi.

269 Objectif 65

6	23	19	16	1
21	9	22	8	5
11	12	13	14	15
2	18	4	17	24
25	3	7	10	20

270 Cryptogrille

Un homme fait du trampoline.

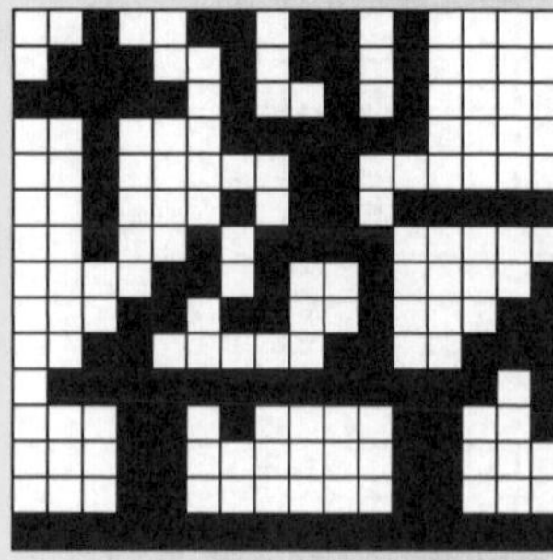

271 Passe-temps

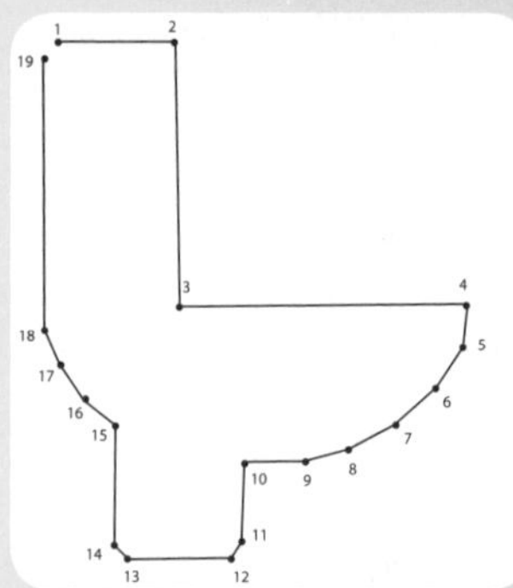

272 Coupe-lettre

Louis Jouvet.

1L. Patine. 2O. Taries. 3U. Motard. 4I. Forant. 5S. Potier. 6J. Raouts. 7O. Trique. 8U. Gâcher. 9V. Chaire. 10E. Disant. 11T. Plaine.

273 Curiosité

Le ù pour le mot où.

255 Logique

16.

Le nombre de feuilles est le premier chiffre qui commence et se termine par les mêmes lettres que le prénom. Ainsi, Carole commence par un C et se termine par un E et le premier chiffre répondant à ces contraintes est 50 (cinquante). Pour Odette (O...E), ce sera onze ; pour Viviane (V...E) vingt et une et pour Helmut (H...T) huit. Pour Sophie (S...E) il faudra aller jusqu'à SEIZE, chiffre plus petit que soixante auquel vous auriez pu penser.

256 Le lien

Le lien invisible est le mot « fer » : fer à cheval, le masque de fer, (marquer au) fer rouge, fer de lance, croix de fer, fil de fer.

257 Curiosité

Chaque lettre d'AIMABLES correspond à un État frontalier : Andorre, Italie, Monaco, Allemagne, Belgique, Luxembourg, Espagne, Suisse.

258 Passe-temps

68.

259 Cryptos rigolos

«...mais la merde mentale s'évacue moins régulièrement, et surtout moins facilement. »

260 Bégaiements

1. Rototo. 2. Panini. 3. Taratata. 4. Ovoviviparité. 5. Ouistiti.

261 Petit coin malin

« La femme est capable de tous les exercices de l'homme sauf de faire pipi debout contre un mur. »

262 Quèsaco

Un cheval de bataille ; un cheval (Ourasi), deux batailles (Iéna et Waterloo).

263 Charade

Fosse septique (fausse-cèpe-tique).

264 Différences

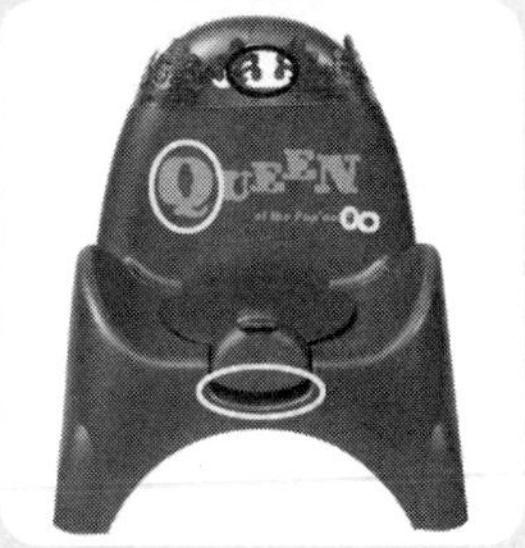

265 Sudoku

2	1	4	7	3	6	8	5	9
7	9	3	8	5	1	2	4	6
8	5	6	4	9	2	3	7	1
4	6	9	3	1	8	5	2	7
1	3	7	5	2	4	6	9	8
5	2	8	9	6	7	4	1	3
6	4	1	2	8	9	7	3	5
9	7	5	6	4	3	1	8	2
3	8	2	1	7	5	9	6	4

246 Alphaku

La BRAVITUDE inventée par Ségolène Royal lors de la campagne présidentielle de 2007.

I	D	T	R	B	A	V	E	U
R	U	B	I	E	V	A	T	D
E	A	V	D	T	U	I	R	B
A	B	U	T	D	I	E	V	R
V	T	I	E	U	R	D	B	A
D	E	R	A	V	B	T	U	I
U	V	D	B	A	E	R	I	T
B	R	A	V	I	T	U	D	E
T	I	E	U	R	D	B	A	V

247 Cryptogrille

Un épi de maïs.

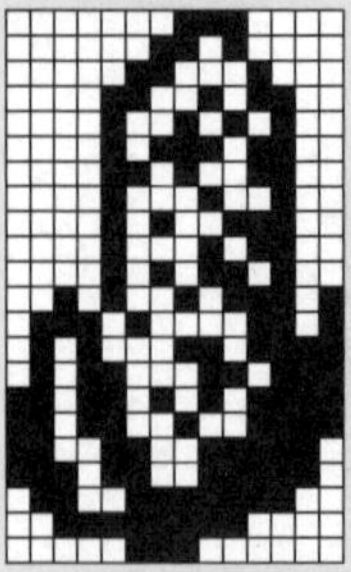

248 Logique

19.

Chaque symbole a une valeur. Le ✻ vaut 6 puisqu'il y en a quatre pour un total de 24 dans la seconde colonne. Le « vaut 7 pour atteindre 27 sur la première ligne. Le & vaut 1 pour arriver à 16 sur la dernière colonne. Le § vaut 3 pour atteindre 13 sur la deuxième ligne. Le # vaut 5 puisque la première colonne vaut 20. Donc le chiffre manquant en bas à l'extérieur du carré est : # + ✻ + « + & = 5 + 6 + 7 + 1 = 19.

249 Charade

Latrines (la-tri-nœud).

250 Métamorphose

La DOUCEUR fait place à la DOULEUR.

251 Le trône

François-Joseph Ier d'Autriche.

252 Sudoku

8	2	7	6	3	5	1	4	9
9	5	6	2	4	1	8	3	7
3	1	4	9	7	8	6	2	5
7	4	8	5	2	9	3	6	1
1	9	3	7	6	4	5	8	2
5	6	2	1	8	3	7	9	4
6	3	5	4	9	7	2	1	8
2	7	9	8	1	6	4	5	3
4	8	1	3	5	2	9	7	6

253 Différences

254 Chanson à trous

Foutre, air, cher, peau, chasse, studio.

238 Petit coin malin

« Le seul tourment qu'on ne puisse pas oublier en se livrant à la boisson, c'est l'envie de pisser. »

239 Balances

8 triangles.

Remplaçons 2 boules dans la seconde balance par son équivalent dans la première : 4 triangles + (2 triangles + 1 carré) = 3 carrés, soit en enlevant 1 carré de chaque côté, 6 triangles = 2 carrés ou encore 3 triangles = 1 carré.

Donc 2 boules + 1 carré valent, en remplaçant 2 boules par sa valeur dans la balance 1 : (2 triangles + 1 carré) + 1 carré.

Remplaçons 1 carré par 3 triangles :

2 boules + 1 carré = (2 triangles + 3 triangles) + 3 triangles = 8 triangles.

240 Différences

241 Remue-méninges

L'actuelle place de l'Hôtel-de-ville à Paris s'appelait jusqu'en 1803 place de Grève. Située près de la Seine et bordée d'une plage de sable et de gravier, elle voyait accoster de nombreux bateaux. Les ouvriers sans travail s'y regroupaient dès l'aube dans l'attente d'un emploi, aussi temporaire fût-il. Ainsi, le gréviste était à l'origine quelqu'un qui voulait travailler et non pas qui refusait de le faire !

242 Orientation

La figure D (la courbure de l'arc le plus éloigné des deux groupes de deux traits parallèles est inversée).

243 Playlist

Liste des capitales données dans l'ordre alphabétique du pays dans lequel elles se trouvent (vous pouvez essayer de les retrouver pour vous amuser).

Comptez un point par capitale figurant dans la liste suivante : Berlin, Vienne, Bruxelles, Sofia, Nicosie, Copenhague, Madrid, Tallinn, Helsinki, Paris, Athènes, Budapest, Dublin, Rome, Riga, Vilnius, Luxembourg, La Valette, Amsterdam, Varsovie, Lisbonne, Prague, Bucarest, Londres, Bratislava, Ljubljana, Stockholm.

244 Passe-temps

24.

245 Dictionnaire

Meryl Streep et Barbra Streisand.

226 Le lien

Le lien invisible est le nom « bouche » : bouche-à-oreille, bouche-trou, bouche du canon, bain de bouche, bouche en cœur, bouche de métro.

227 Quèsaco

Tomber dans les pommes.

228 Charade

Eau de javel (o-déjà-v-elle).

229 Méli-mélo

Whitney Houston, Judy Garland, Beyoncé Knowles.

230 Cubes... essais

La vue B est impossible.

231 Anastars

Comme un soleil, Michel Fugain.

232 Crescendo

Troc, tronc, citron, noircit, friction, confi-rait, infraction, fornication, confirmation.

233 Quèsaco

À l'eau de rose (A, l'O de rose).

234 Sandwich

Perdre ses légumes.

S	I	P	H	O	N
E	M	E	C	H	E
M	A	R	C	H	E
O	N	D	U	L	E
N	O	R	M	A	L
T	I	E	D	I	R
R	O	S	A	C	E
E	J	E	C	T	E
R	A	S	A	N	T
C	O	L	L	E	R
O	P	E	R	A	S
U	R	G	E	N	T
L	O	U	C	H	E
A	I	M	A	N	T
N	I	E	C	E	S
T	I	S	A	N	E

235 Logique

9.

Les deux colonnes centrales se lisent comme un seul chiffre qui est le produit des deux situés dans les colonnes extérieures. Ainsi, 9 x 8 = 72 ; 6 x 5 = 30 ; 2 x 8 = 16. Le chiffre manquant sera donc un 9 pour que 5 x 9 = 45.

236 Le trône

Margrethe II de Danemark.

237 Curiosité

Le NYLON, acronyme formé en remettant dans l'ordre les initiales des prénoms des épouses.

218 Collage

Aéroport, autobus, bagages, billet, croisière, destination, embarquement, escale, itinéraire, passeport.

219 Rosace

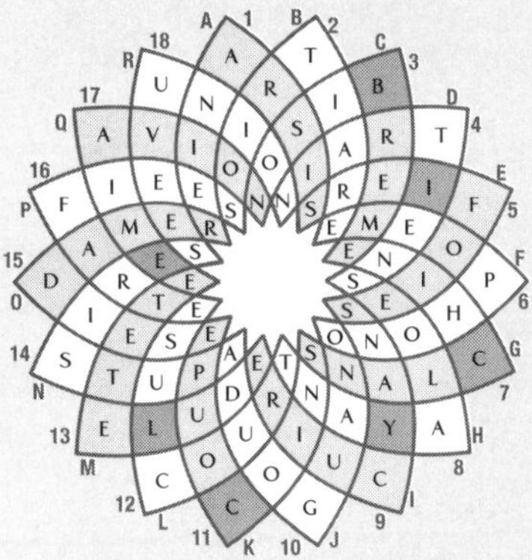

220 Dictionnaire

Équateur, le pays et (l')*Équipe*, le journal.

221 Entre deux mots

1. Tord-boyaux. 2. Tomate, topinambour. 3. Torpille, tortue, totem, toto, toucan. 4. Tobrouk. 5. Topkapi. 6. Tokyo. 7. Tolkien. 8. Tolstoï. 9. Torquemada. 10. Topor.

222 Le trône

Nabuchodonosor II.

223 Passe-temps

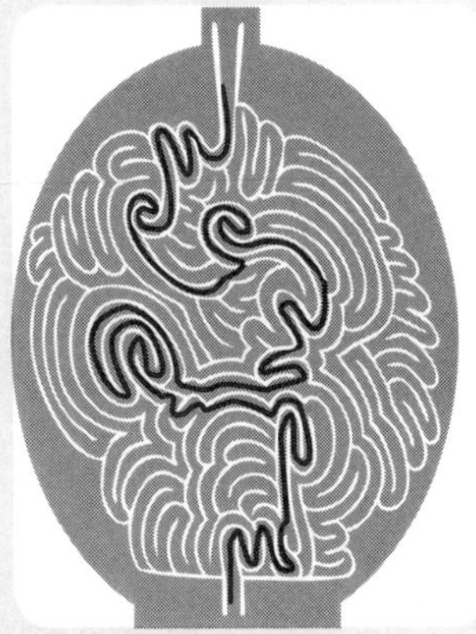

224 Substitution

Z remplace R (gazage, zeste, chez, zut, suzette, zébus).

225 Cryptogrille

Le mime.

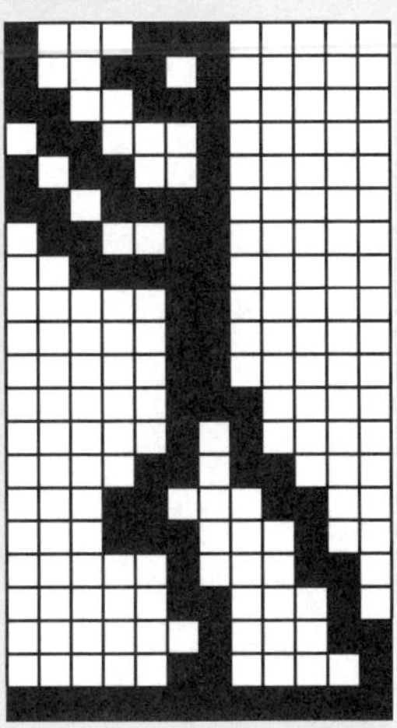

207 Chanson à trous

Statue, naturelle, pisser, innocence.

208 Cryptos rigolos

« ...Je suis allé voir un psychiatre, je suis guéri. Maintenant, je pisse au lit mais j'en suis fier. »

209 Coupe-lettre

José Artur.

1J. Oindre. 2O. Replis. 3S. Échoir. 4E. Moraux. 5A. Oiseux. 6R. Épandu. 7T. Simulé. 8U. Romain. 9R. Abouti.

210 Crescendo

Pieu, pluie, pilule, pluriel, roupillé, épouiller, dépouiller, dégoupiller.

211 Objectif 65

5	11	24	17	8
19	7	3	15	21
13	25	16	9	2
6	4	12	23	20
22	18	10	1	14

212 Charade

Boire et manger (bois-raie-ment-g).

213 Petit coin malin

« En politique il vaut mieux participer qu'être parti pisser. »

214 Remue-méninges

De gland, fruit du chêne. En novembre, lorsque les travaux agricoles étaient terminés, venait la période des glands. Il n'y avait plus grand-chose à faire, à part nourrir le cochon avec ces glands (le glander, donc). Glander, c'est par conséquent une excellente façon d'engraisser !

215 Décomposition

1. Taliban, foutue. 2. Bafouant, tuile. 3. Abattu, fenouil. 4. Ablution, faute. 5. Nabot, fauteuil.

216 Différences

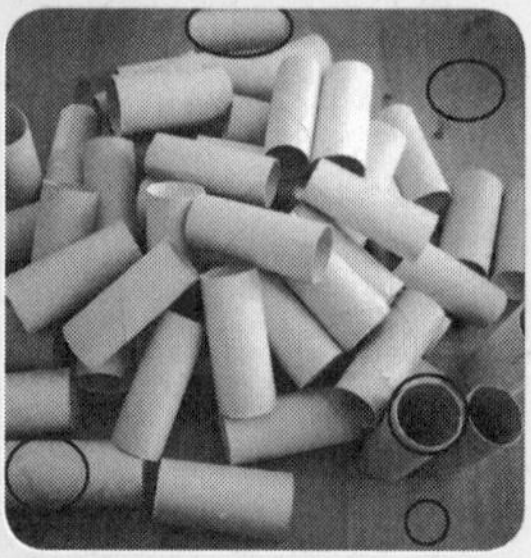

217 Sudoku

2	4	9	8	7	1	5	3	6
7	6	1	5	2	3	8	4	9
5	8	3	4	6	9	2	7	1
8	9	7	2	5	6	4	1	3
4	1	2	3	8	7	6	9	5
6	3	5	1	9	4	7	2	8
9	2	6	7	3	8	1	5	4
1	5	8	9	4	2	3	6	7
3	7	4	6	1	5	9	8	2

199 Étoile

PERROQUET

200 Motocrotte

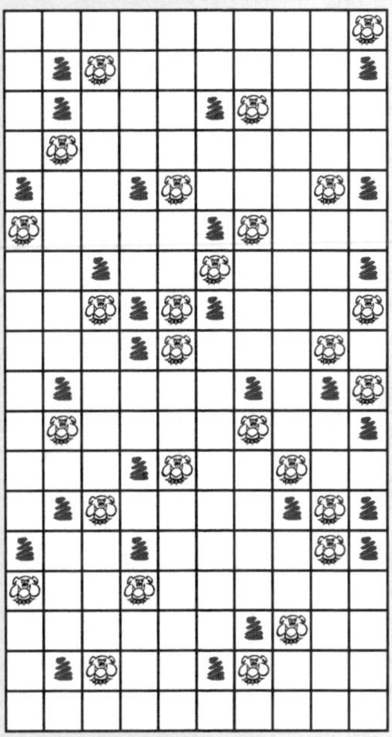

201 Cryptogrille

La boule de BOWLING au premier plan fonce vers les quilles.

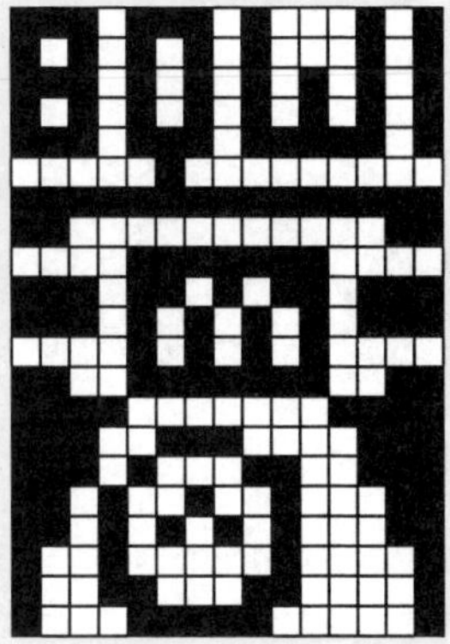

203 Charade

Gros intestin (gros-un-test-un).

204 Métamorphose

TRUIE devient TRUITE. Et TRUIE + H = HUÎTRE.

205 Le trône

Charlène de Monaco.

206 Logique

8.

La première et la dernière ligne proposent des multiplications dont les résultats sont sur la deuxième et la troisième. Ainsi, 9 x 7 = 63 ; 5 x 8 = 40 ; 8 x 4 = 32 occupent les deux lignes du haut. Et 12 = 3 x 4 puis 48 = 6 x ? et 6 x 9 = 54 s'écrivent sur celles du bas. Il faut donc un 8 pour que 6 x 8 = 48.

192 Différences

193 Petit coin malin

« Rien ne sert de pisser si on n'en a pas envie. »

194 Passe-temps

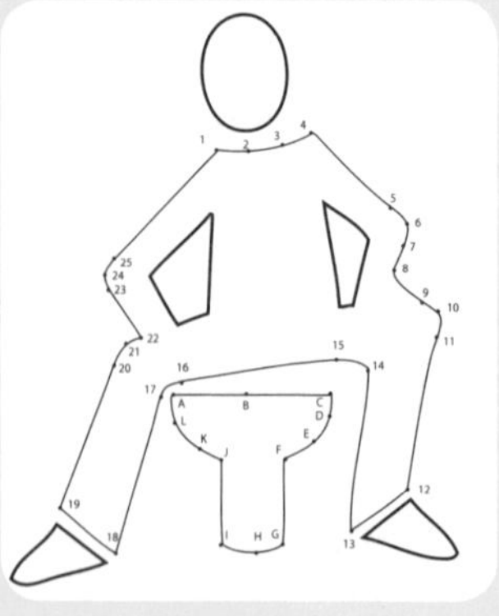

195 Logique

11.

C'est l'ensemble des nombres qui s'écrivent en quatre lettres (zéro, deux, cinq, sept, huit, neuf, onze et cent).

196 Sandwich

Avoir le bouchon ficelé.

C	H	A	C	A	L
A	D	V	E	N	U
C	H	O	U	I	A
O	P	I	N	E	R
I	R	R	E	E	L
N	U	L	L	E	S
C	H	E	R	T	E
E	U	B	A	G	E
D	R	O	L	E	T
A	B	U	S	I	F
N	O	C	E	U	R
S	C	H	E	M	A
L	I	O	N	N	E
E	N	N	U	I	S
R	I	F	I	F	I
E	V	I	T	E	R
C	O	C	U	E	S
T	R	E	F	L	E
U	M	L	A	U	T
M	I	E	V	R	E

197 Bégaiements

1. Ananas. 2. Léniniste. 3. Hippopotame. 4. Miserere. 5. Les Bororos.

198 Anaphrase

CORVÉABLE.

1. Cassation. 2. Olympiade. 3. Rouquines. 4. Varicelle. 5. Épiceries. 6. Armistice. 7. Brocantes. 8. Lucrative. 9. Énervante. L'anagramme est RÉVOCABLE.

182 Le trône

Moctezuma II.

183 Méli-mélo

Jean-Jacques Goldman, Marc Lavoine, William Sheller.

184 Motocrotte

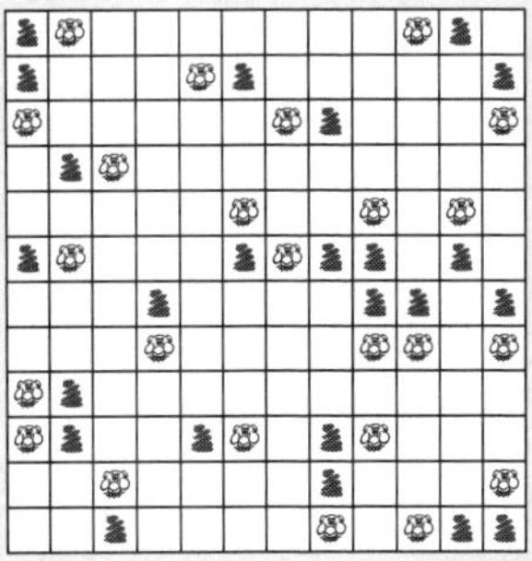

185 Quèsaco

Rester en carafe.

186 Alphaku

Le CHOIXPEAU est un chapeau magique qui répartit les apprentis sorciers de Poudlard dans différentes écoles selon leur caractère.

I	O	X	A	C	U	P	H	E
P	E	C	I	H	X	A	U	O
U	A	H	E	O	P	C	X	I
C	X	O	U	I	E	H	P	A
A	I	P	H	X	C	E	O	U
H	U	E	O	P	A	X	I	C
O	C	I	P	E	H	U	A	X
E	P	U	X	A	I	O	C	H
X	H	A	C	U	O	I	E	P

187 Charade

Sous-vêtement (sous-v-te-ment).

188 Balances

2 boules.

Dans la balance 2, 3 boules = 1 carré + 4 triangles.

Dans la balance 1, 1 boule = 3 triangles – 2 carrés.

Soustrayons ces deux égalités, 3 boules – 1 boule = (1 carré + 4 triangles) – (3 triangles – 2 carrés), donc 2 boules = 1 carré + 4 triangles – 3 triangles + 2 carrés, soit 2 boules = 1 triangle + 3 carrés, ce qui résout le problème.

189 Anaphrase

RACOLÂTES.

1. Richesse. 2. Athéisme. 3. Consacré. 4. Offensif. 5. Lucioles. 6. Apprécié. 7. Torpeurs. 8. Énervées. 9. Sacristi.

L'anagramme est ESCALATOR.

190 Curiosité

Débrouillard, baobab, ginseng, haschisch, neurochirurgien ou nationalisation.

191 Orientation

La figure E (l'espèce de lettre W la plus éloignée de la petite vague est orientée différemment).

172 Substitution

Le son PH remplace G (phénotype, éléphant, phallique, polyphone, phare, aphonie).

173 Logique

T, C, R, M...

Ce sont les initiales des chefs-lieux des 101 départements classés par ordre alphabétique : Bourg-en-Bresse, Laon, Moulins, Digne-les-Bains, Gap, Nice, Privas, Charleville-Mézières, Foix à compléter par Troyes (Aube), Carcassonne (Aude), Rodez (Aveyron), Marseille (Bouches-du-Rhône)...

174 Dédale

« Dieu soit loué - et s'il est à vendre, achète, c'est une valeur en hausse ! ».

175 Dictionnaire

Le groupe Danone, *La Danse* (tableau de Matisse) avant Dansereau. Puis Dante Alighieri (écrivain italien), Danton, Dantzig (ou Danzig) et Danube.

176 Cryptogrille

À New-York, au pied de la Statue de la Liberté.

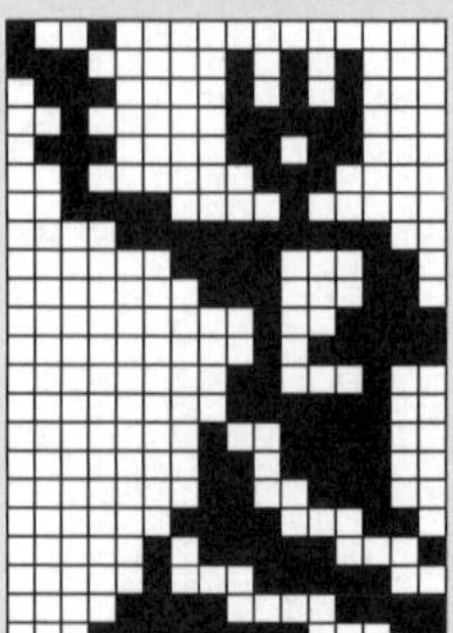

177 Chanson à trous

Côte d'Azur, postales, pisse, assume.

178 Curiosité

Héros/héroïne ; on dit le héros de l'histoire, mais l'héroïne...

179 Crescendo

Lem, mule, lumen, manuel, albumen, meublant, ambulante, albuminate, alambiquent, saltimbanque.

180 Sudoku

9	8	2	7	6	3	1	5	4
4	1	7	9	5	2	6	3	8
3	5	6	8	1	4	7	9	2
8	2	9	4	3	1	5	7	6
6	3	5	2	7	8	9	4	1
1	7	4	5	9	6	8	2	3
5	4	8	1	2	9	3	6	7
7	6	1	3	4	5	2	8	9
2	9	3	6	8	7	4	1	5

181 Remue-méninges

Le mot vendange. Le millésime d'un vin, surtout du porto, s'appelle d'ailleurs également vintage. À l'origine, le vendage était le rendement annuel d'une vigne, ce que l'on pouvait vendre. Lorsqu'un vin était particulièrement remarquable, on se rappelait du vendage de telle année, terme qui en Angleterre désigna ainsi un millésime recherché, le vintage. L'extension au domaine de la mode est récente.

161 Chanson à trous

Vilain, mangé, bouts, caca.

162 Cryptos rigolos

« Dans un monde sans femmes, on serait tous à comparer nos attributs inutiles et à se demander lequel de nous pissera le plus loin. »

163 Entre deux mots

1. Épagneul, épaulard, épeiche, épeire, épervier, éphémère, épinoche, éponge. 2. Épiphanie. 3. Épisode, épilogue mais aussi épigraphe. 4. Épicurien ou Épicure. 5. Épinal. 6. Éphèse. 7. Éon, le chevalier né à Tonnerre. 8. Épaulé-jeté. 9. Enzo Enzo. 10. L'EPO, produit dopant.

164 Le trône

Bhumibol Adulyadej.

165 Anastars

J'ai encore rêvé d'elle, Il était une fois.

166 Collage

Clavier, connexion, disquette, document, fichier, internet, ordinateur, programme, sauvegarder, souris.

167 Charade

Déféquer (dé-fée-quai).

168 Différences

169 Métamorphose

ASTI, PASTIS.

170 Petit coin malin

« ...Un tube digestif avec un gros appétit à un bout et aucun sens des responsabilités de l'autre. »

171 Passe-temps

152 Cryptos rigolos

« Faire pipi dehors est une des joies de la vie à la campagne, un vrai moment de poésie. »

153 Charade

Étron (et-tronc).

154 Cubes... essais

La vue A est impossible.

155 Coupe-lettres

Guilleré.

1G. Lucide. 2U. Façons. 3I. Rectal. 4L. Fourni. 5L. Hostie. 6E. Clapir. 7R. Coquet. 8E. Lisant.

156 Cryptogrille

Un lama.

157 Passe-temps

26 femmes et 18 hommes.

158 Anaphrase

CAFETEURS.

1. Choriste. 2. Aspirine. 3. Friterie. 4. Envoûtés. 5. Tracteur. 6. Escadres. 7. Usinages. 8. Rapidité. 9. Soupesée.

L'anagramme est FACTURÉES.

159 Sandwich

Écrire à Bismarck.

V	I	E	R	G	E
I	N	C	I	T	E
T	Y	R	A	N	S
E	P	I	Q	U	E
O	C	R	E	U	X
N	O	E	U	D	S
S	L	A	L	O	M
E	M	B	R	U	N
D	O	I	G	T	E
E	S	S	U	Y	E
P	A	M	P	R	E
E	V	A	S	I	F
C	O	R	P	U	S
H	O	C	K	E	Y
E	S	K	I	M	O

160 Différences

144 Différences

145 Sudoku

5	4	6	9	8	7	2	3	1
7	1	2	3	4	6	8	5	9
3	8	9	5	2	1	7	4	6
2	7	3	1	9	4	6	8	5
4	6	8	7	5	2	1	9	3
1	9	5	6	3	8	4	7	2
6	3	1	8	7	5	9	2	4
8	5	4	2	1	9	3	6	7
9	2	7	4	6	3	5	1	8

146 Rosace

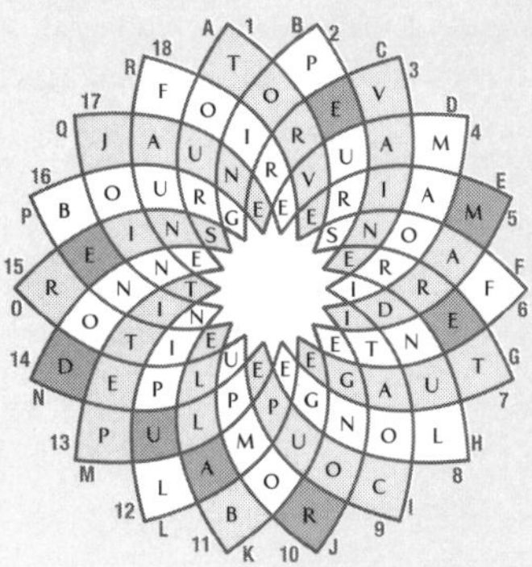

147 Petit coin malin

« Baiser, cette soudure de deux tubes digestifs. »

148 Objectif 65

19	23	7	11	5
6	15	4	18	22
3	17	21	10	14
25	9	13	2	16
12	1	20	24	8

149 Le trône

Le Roi lion.

150 Marions-les !

Kymographies (enregistrements des mouvements d'un organe, par exemple).

1K. André Gide. 2Y. Serge Gainsbourg. 3M. Jean Genet. 4O. Indira Gandhi. 5G. Greta Garbo. 6R. Théophile Gautier. 7A. Mikhaïl Gorbatchev. 8P. Ernesto Guevara. 9H. Laurent Gerra. 10I. Baptiste Giabiconi. 11E. Whoopi Goldberg. 12S. Cary Grant.

1 2 3 4 5 6 7 8 9 10 11 12
K Y M O G R A P H I E S

151 Décomposition

1. Agacée, cuisson. 2. Sagace, cousine. 3. Agneau, occises. 4. Cocaïne, usages. 5. Cuissage, océan.

133 Anastars

Si la vie est cadeau, Corinne Hermès.

134 Cryptos rigolos

« - J'ai l'estomac dans les talons.

- On aimerait mieux avoir l'étalon dans l'estomac. »

135 Cryptogrille

Un chronomètre.

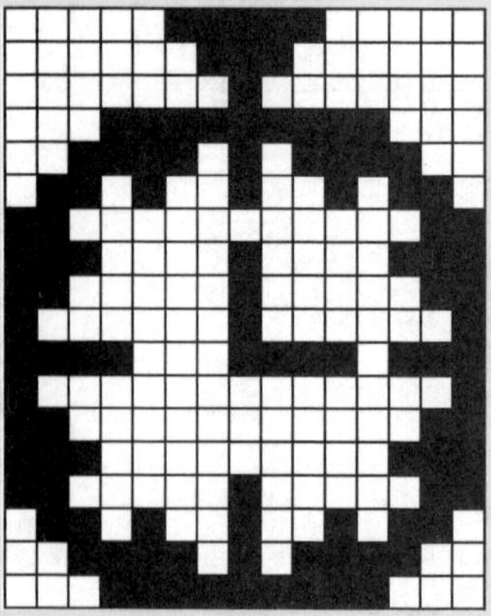

136 Balances

8 triangles.

Ramenons nous à 2 carrés dans la balance 2 : 2 boules + 2 carrés = 10 triangles, donc 2 carrés = 10 triangles – 2 boules.

Puisque 2 carrés = 2 triangles + 1 boule (balance 1), on peut écrire que :

10 triangles – 2 boules = 2 triangles + 1 boule.

Enlevons 2 triangles et ajoutons 2 boules de chaque côté de cette équation :

8 triangles = 3 boules, ce qui résout le problème.

137 Charade

Diffuseur de parfum (dis-fuse-heure-deux-part-fin).

138 Méli-mélo

Bismarck, Columbia, Hartford.

139 Curiosité

Concentrationnaire.

140 Dédale

« Le marchand de sable ne fait pas fortune dans le désert. »

141 Quèsaco

Le vent tourne (ici, c'est la tramontane qui tourne).

142 Remue-méninges

La grammaire. Au Moyen Âge, les livres de grammaire latine étaient totalement incompréhensibles pour le peuple. Le livre de magie est ainsi devenu « grimoire », dérivé de grammaire, avec une influence du mot grimace probablement.

143 Orientation

La figure E (les deux « yeux » sont inversés).

124 Passe-temps

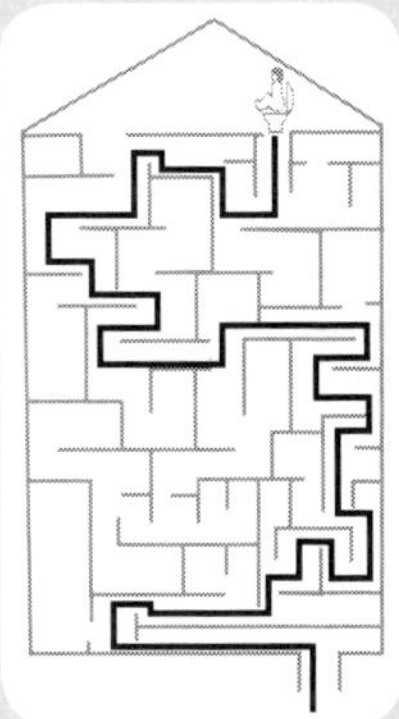

125 Marions-les !

Surplombante.

1S. Yves Montand. 2U. Chiara Mastroianni. 3R. Marilyn Monroe. 4P. Georges Méliès. 5L. Benoît Magimel. 6O. Eddy Mitchell. 7M. Sophie Marceau. 8B. Jim Morrison. 9A. André Manoukian. 10N. Paul McCartney. 11T. Roger Moore. 12E. Karl Marx.

1	2	3	4	5	6	7	8	9	10	11	12
S	U	R	P	L	O	M	B	A	N	T	E

126 Motocrotte

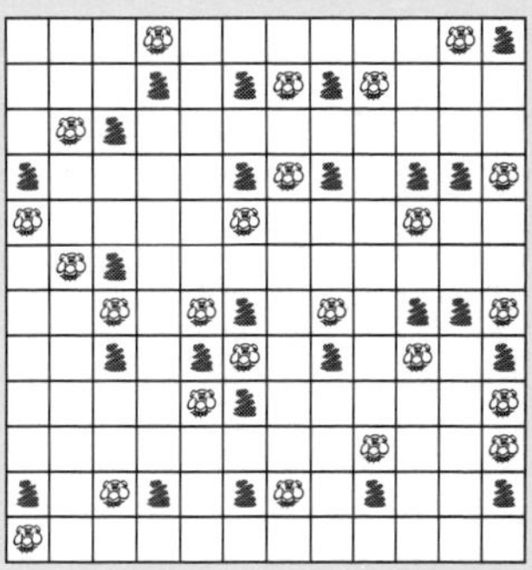

127 Alphaku

On lit JAMES BOND dans la colonne centrale.

S	N	A	B	J	D	O	M	E
E	M	D	S	A	O	N	J	B
O	J	B	N	M	E	D	A	S
A	B	M	O	E	N	S	D	J
N	D	O	M	S	J	E	B	A
J	S	E	D	B	A	M	N	O
D	A	N	E	O	B	J	S	M
M	E	J	A	N	S	B	O	D
B	O	S	J	D	M	A	E	N

128 Chanson à trous

Bâtards, wagon-bar, cigarette, toilettes.

129 Bégaiements

1. Riquiqui ou rikiki. 2. Tralala. 3. Ukulélé. 4. Turlututu. 5. Imamat.

130 Passe-temps

23.

131 Logique

Dans neuf ans.

Guillaume a 27 ans et Léa 9. Il a donc dix-huit ans de plus qu'elle. C'est donc lorsqu'elle aura elle-même 18 ans que Guillaume en aura le double, soit 36 ans. Ceci se produira dans neuf ans.

132 Le trône

Joséphine de Beauharnais.

117 Cryptos rigolos

« Quand on a trop mangé, l'estomac le regrette et quand on n'a pas assez mangé, l'estomac le regrette aussi. »

118 Sandwich

Décrocher ses tableaux.

S	U	D	E	T	E
E	G	E	R	I	E
F	A	C	A	D	E
O	U	R	D	I	R
U	T	O	P	I	E
I	N	C	L	U	S
L	A	H	A	R	S
L	I	E	S	S	E
E	R	R	A	T	A
R	E	S	O	L	U
L	U	E	U	R	S
E	X	S	U	D	E
S	A	T	A	N	E
N	E	A	N	T	S
A	M	B	I	G	U
R	A	L	E	U	R
I	N	E	D	I	T
N	U	A	G	E	S
E	R	U	D	I	T
S	E	X	U	E	L

119 Substitution

F remplace P (refaire, fortraiture, snifer, réfutation, frimaire, foudroyant).

120 Différences

121 Sudoku

1	3	9	5	2	8	4	6	7
4	6	2	9	1	7	5	8	3
7	5	8	4	6	3	1	9	2
5	2	1	8	3	6	9	7	4
3	9	6	2	7	4	8	1	5
8	4	7	1	9	5	2	3	6
2	8	3	6	4	9	7	5	1
9	7	4	3	5	1	6	2	8
6	1	5	7	8	2	3	4	9

122 Dédale

« La météo est une science qui permet de connaître le temps qu'il aurait dû faire. »

123 Petit coin malin

« L'univers est une digestion. Vivre est une action magique. »

107 Coupe-lettre

Stephen King.

1S. Valeur. 2T. Moufle. 3E. Vidant. 4P. Adieux. 5H. Coraux. 6E. Dragon. 7N. Baquet. 8K. Cœurs. 9I. Soudan. 10N. Violet. 11G. Morues.

108 Remue-méninges

Le carême et quarante. Du latin *quaresima*, altération de *quadragesima* (*dies*), c'est-à-dire le quarantième (jour), ici avant Pâques.

109 Logique

7.

Raisonnez par colonne. Faites la différence entre les deux premiers chiffres, multipliez par 7, vous obtenez le troisième. Ainsi, 8 – 5 = 3 et 3 x 7 = 21 ; 13 – 11 = 2 et 2 x 7 = 14 ; 15 – 8 = 7 et 7 x 7 = 49. Pour terminer, 19 – 18 = 1 et 1 x 7 = 7.

110 Crescendo

Père, pègre, piéger, peigner, imprégné, pigmenter, grippement.

111 Cryptogrille

Un homme boit un grand café chaud sous une lampe.

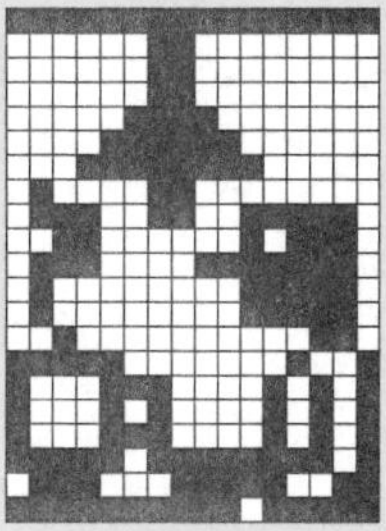

112 Anaphrase

GASTRIQUE.

1. Glaïeul. 2. Asocial. 3. Serrure. 4. Tantine. 5. Rédiger. 6. Incuber. 7. Quiches. 8. Upsilon. 9. Envahir.

L'anagramme est TRAGIQUES.

113 Collage

Cracovie, Gdansk, Katowice, Lodz, Lublin, Plock, Poznan, Szczecin, Varsovie, Wroclaw.

114 Rosace

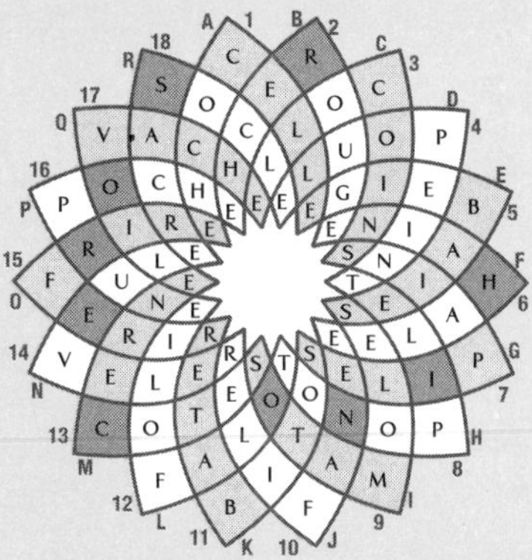

115 Le trône

Anne de Bretagne.

116 Entre deux mots

1. Fée. 2. Fer-à-cheval, fétiche. 3. Fennec ou féra, félins et félidés. 4. Fédérer. 5. Felouque, ferry-boat. 6. Félix le chat. 7. Femina. 8. Fellini. 9. Fernandel. 10. Feldman, Fernandez, Ferrat, Ferré, Ferrer, Fersen.

96 Différences

97 Le trône

Aliénor d'Aquitaine.

98 Marions-les !

Zygopétalums (orchidées).

1Z. Arthur Rimbaud. 2Y. François Rabelais. 3G. Muriel Robin. 4O. Ronald Reagan. 5P. Edmond Rostand. 6E. Pierre Richard. 7T. Olivia Ruiz. 8A. Thierry Roland. 9L. Cristiano Ronaldo. 10U. Julia Roberts. 11M. Line Renaud. 12S. Diana Ross.

1	2	3	4	5	6	7	8	9	10	11	12
Z	Y	G	O	P	E	T	A	L	U	M	S

99 Anastars

Parlez-moi de lui, Chimène Badi.

100 Petit coin malin

« Les pots de chambre aussi sont profonds. »

101 Cryptos rigolos

« Celui qui mange l'estomac plein creuse sa tombe avec ses dents. »

102 Métamorphose

Au MALI, ajoutez SO pour Sud et Ouest devant et EN pour Est et Nord derrière et vous lirez SOMALIEN.

103 Quèsaco

De but en blanc (deux buts en blanc... les autres étant noirs).

104 Passe-temps

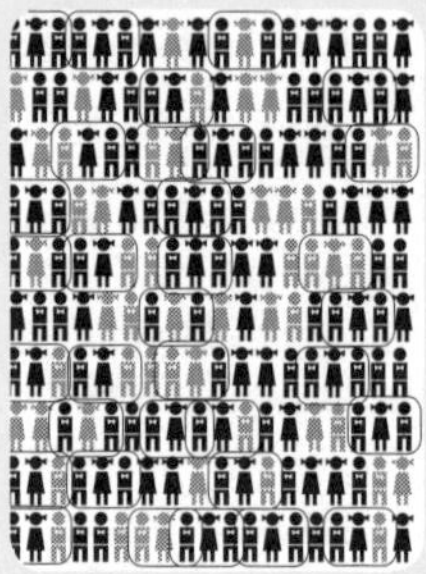

105 Charade

Cabinets (cab-i-nez).

106 Étoile

P É T É C H I E

85 Crescendo

Miro, dormi, milord, démolir, démêloir, mordillée, merdouille.

86 Curiosité

Le Pakistan (P de Pandjab, A d'Afghania, K de Kashmir, I d'Indus-Sind et STAN de Balouchistan). C'est ainsi qu'a été formé le nom du pays qui signifie alors en ourdou « pays des purs ».

87 Charade

Urinoir (u-riz-noir).

88 Orientation

La figure C (le trait le plus à gauche est trop long et rejoint presque l'arc de cercle).

89 Motocrotte

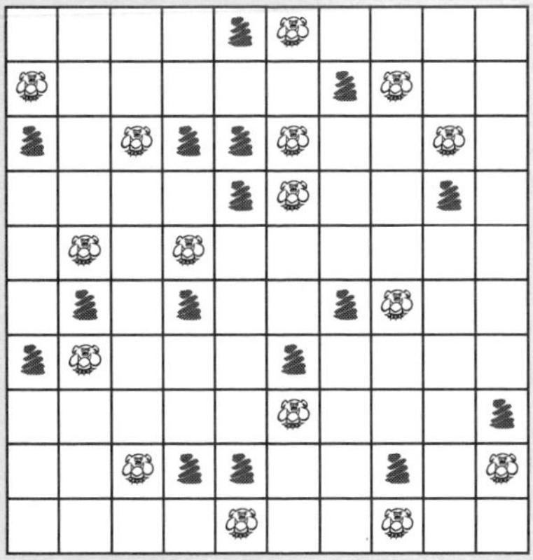

90 Cryptogrille

Un ange. Bleu dans l'*Ange bleu* avec Marlene Dietrich.

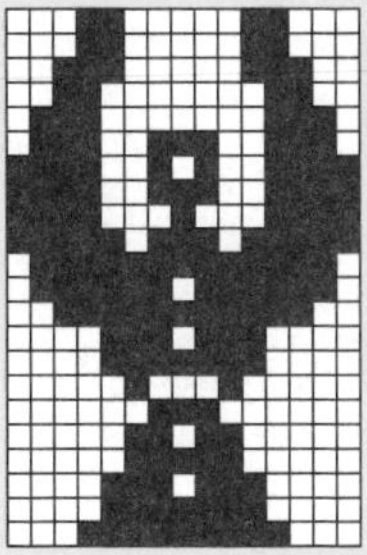

91 Objectif 65

1	11	22	7	24
23	16	6	17	3
21	14	13	12	5
18	9	20	10	8
2	15	4	19	25

92 Dédale

« La jeune fille bien élevée est le seul animal qui rougit en voyant une banane. »

93 Cubes... essais

La vue D est impossible.

94 Méli-mélo

Arkansas, Kentucky, Maryland.

95 Dictionnaire

Croix-Rouge, Cro-Magnon.

78 Passe-temps

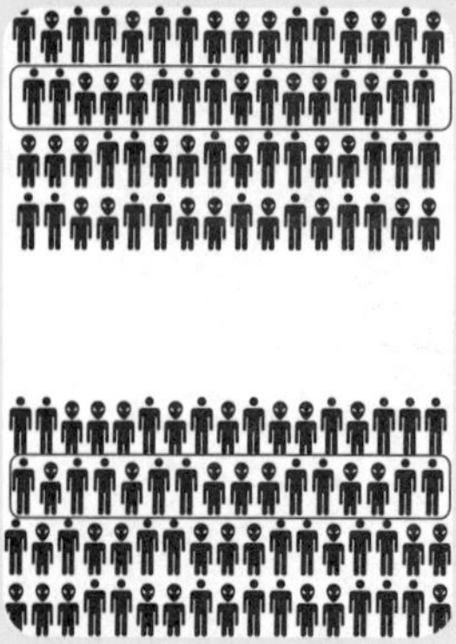

79 Cryptogrille

Le Petit Chaperon rouge (face au loup).

80 Anaphrase

RÉDIGEANT.

1. Roupies. 2. Épingle. 3. Démoulé. 4. Indigos. 5. Groupie. 6. Enclave. 7. Astraux. 8. Négoces. 9. Terreau.

L'anagramme est TRAGÉDIEN.

81 Balances

2 carrés.

Balance 1 : en multipliant par 2, 8 triangles + 2 boules = (2 carrés =) 5 triangles + 4 boules (balance 2)

Enlevons 5 triangles et 2 boules de chaque partie de l'équation, il reste 3 triangles = 2 boules.

Donc, 4 boules = 6 triangles en multipliant par deux.

Revenons à la balance 2 : 2 carrés = 5 triangles + 4 boules = 5 triangles + 6 triangles donc.

Par conséquent, 11 triangles = 2 carrés.

82 Le trône

Frédégonde.

83 Cryptos rigolos

« Plus la télé vise à la surprise, moins elle surprend. C'est dans sa nature d'estomac ; les estomacs n'étonnent jamais, ils digèrent. »

84 Sandwich

Changer l'eau des olives.

F	I	C	T	I	F
A	P	H	O	N	E
I	M	A	G	E	E
R	E	N	V	O	I
E	R	G	O	T	E
S	H	E	K	E	L
A	B	R	U	P	T
P	I	L	I	E	R
E	P	E	L	E	R
T	R	A	C	T	E
I	O	U	L	E	R
T	U	D	I	E	U
E	P	E	R	D	U
V	I	S	A	G	E
I	D	O	L	E	S
D	O	L	M	E	N
A	X	I	O	M	E
N	E	V	E	U	X
G	O	E	M	O	N
E	S	S	O	R	E

68 Coupe-lettre

Salvador Dali.

1S. Maquer. 2A. Chiner. 3L. Apidés. 4V. Poires. 5A. Nymphe. 6D. Égouts. 7O. Barque. 8R. Coutil. 9D. Fréons. 10A. Bonder. 11L. Caquet. 12I. Génaux.

69 Remue-méninges

La « dame de fer », à l'origine la vierge de fer est une espèce de sarcophage garni de pieux internes transperçant les personnes qui y sont enfermées. Cet instrument de torture a fourni le nom du groupe Iron Maiden.

70 Charade

Abattant (abats-temps).

71 Quèsaco

Battu sur le fil.

72 Différences

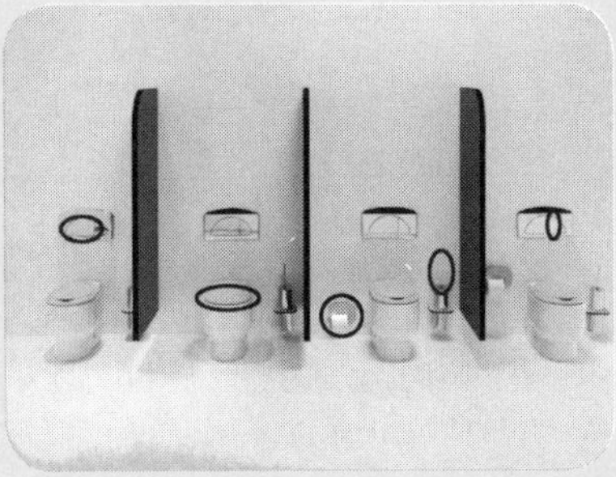

73 Sudoku

5	3	1	7	2	4	6	8	9
7	2	8	5	9	6	4	1	3
4	9	6	3	8	1	2	7	5
8	5	3	1	4	2	9	6	7
9	7	4	6	3	5	8	2	1
6	1	2	9	7	8	5	3	4
3	6	5	8	1	9	7	4	2
2	8	7	4	5	3	1	9	6
1	4	9	2	6	7	3	5	8

74 Petit coin malin

« Il faut tenir le pot de chambre aux ministres tant qu'ils sont en place, et le leur renverser sur la tête quand ils n'y sont plus. »

75 Décomposition

1. Lascar, hésiter. 2. Hectares, salir. 3. Reclasser, thaï. 4. Ratiches, saler. 5. Scélérats, haïr.

76 Rosace

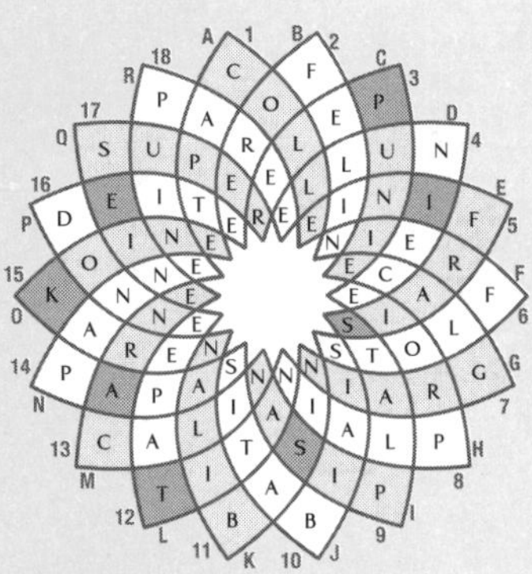

77 Curiosité

Millilitre.

60 Collage

Anticyclone, brouillard, dépression, éclaircie, ensoleillé, intempéries, nuageux, rafale, température, verglas.

61 Entre deux mots

1. Coprophagie. 2. Copyright. 3. Coquillard. 4. Coq, corbeau, corneille, cormoran, coucou. 5. Corps-à-corps, coude-à-coude. 6. Coq-à-l'âne. 7. Coquecigrue (coq, cigogne, grue). 8. Copenhague. Corée du Nord, Corée du Sud, Costa Rica, Côte d'Ivoire. 9. Marion Cotillard. 10. Copernic.

62 Cryptos rigolos

« L'estomac a deux utilisations. Il contient votre dîner et, ce qui n'est pas le moins important, sert à retenir votre pantalon. »

63 Passe-temps

64 Le trône

La Reine morte.

65 Cryptogrille

Un pélican (*L'Affaire Pélican*).

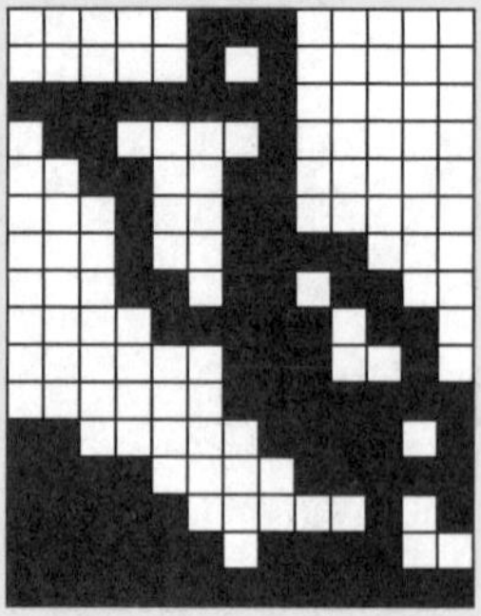

66 Alphaku

On lit SPIDER-MAN dans la ligne centrale.

D	R	S	A	N	I	E	M	P
P	N	A	E	R	M	S	D	I
E	I	M	S	D	P	N	R	A
M	D	E	N	I	A	P	S	R
S	P	I	D	E	R	M	A	N
R	A	N	P	M	S	D	I	E
A	E	P	I	S	D	R	N	M
I	M	D	R	P	N	A	E	S
N	S	R	M	A	E	I	P	D

67 Logique

7.

Les quatre cases du carré intérieur correspondent aux sommes des trois cases situées près d'elles, à l'extérieur de ce petit carré.

Ainsi 19 = 1 + 7 + 11 ; 20 = 13 + 2 + 5 ; 18 = 12 + 2 + 4. Il faut donc que 22 = 9 + 6 + ? et le chiffre manquant est par conséquent un 7.

50 Le trône

L'Empereur, sa femme et le petit prince.

51 Cryptos rigolos

« ...Grave erreur : ce sont les chiens qui nous invitent deux fois par jour à la méditation. »

52 Motocrotte

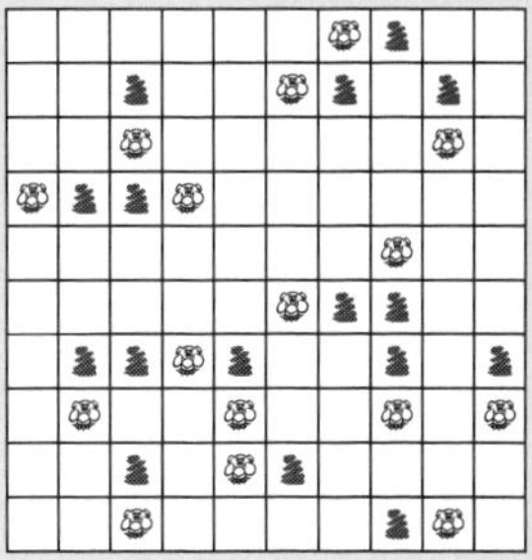

53 Petit coin malin

« Ceux qui aiment la discussion se foutent de raisonner comme un pot de chambre sous le cul d'un malade. »

54 Marions-les !

Prognathisme (saillie en avant des os maxillaires).

1P. Philippe Bouvard. 2R. Abdelaziz Bouteflika. 3O. Lauren Bacall. 4G. Brigitte Bardot. 5N. Sidney Bechet. 6A. Ingrid Bergman. 7T. Charles Baudelaire. 8H. Georges Brassens. 9I. Fabrice Bouvier. 10S. Robert Badinter. 11M. Thierry Beccaro. 12E. Joséphine Baker.

1	2	3	4	5	6	7	8	9	10	11	12
P	R	O	G	N	A	T	H	I	S	M	E

55 Dictionnaire

Les îles Caïmans, Caïn, *Ça ira*, (Le) Caire.

56 Charade

Céramique (cerf-ami-queue).

57 Bégaiements

1. Rococo. 2. Sordidité. 3. Rififi (*Du rififi à Paname*, Denys de la Patellière). 4. Brouhaha. 5. Enquiquiner ou enkikiner (kiki = cou, serrer le kiki).

58 Logique

Déjeuner.

Chaque chiffre correspond à une lettre (0=A ; 1=I ; 2=B ; 3=E ; 4=J ; 5=R ; 6=D ; 7=G ; 8=U ; 9=N). Les trois derniers nombres, rassemblés, cryptent donc DÉJEUNER.

59 Étoile

D	É	D	I	C	A	Ç	A	N	T

42 Petit coin malin

« Mon âme est un vieux pot de chambre où dort un œil. »

43 Marions-les !

Paroxysmique.

1P. Jacques Faizant. 2A. Georges Feydeau. 3R. Benjamin Franklin. 4O. Michel Fugain. 5X. Sigmund Freud. 6Y. Denise Fabre. 7S. Ella Fitzgerald. 8M. François Fillon. 9I. Laurent Fignon. 10Q. Gerald Ford. 11U. Claude François. 12E. Anne Frank.

1	2	3	4	5	6	7	8	9	10	11	12
P	A	R	O	X	Y	S	M	I	Q	U	E

44 Dédale

« Les bons crus font les bonnes cuites. »

45 Cryptogrille

Un poussin dans son œuf.

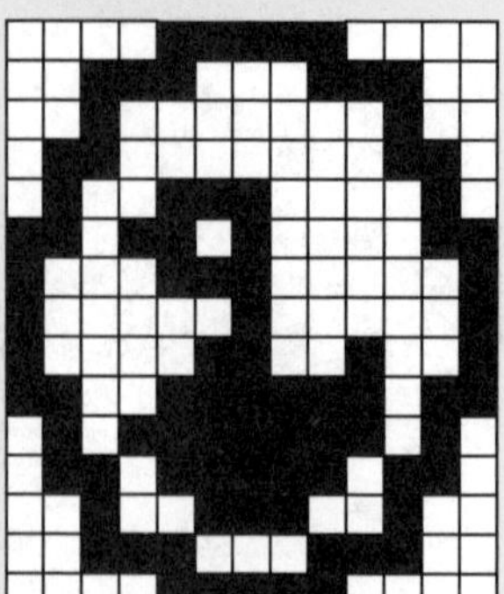

46 Métamorphose

En ajoutant un A aux lettres de CAHUTE, on forme CHÂTEAU.

47 Sandwich

L'aimer comme la colique.

D	O	L	E	N	T
E	V	A	S	I	F
T	R	I	P	L	E
E	R	M	I	T	E
S	K	E	T	C	H
T	O	R	D	U	S
E	S	C	R	O	C
R	H	O	M	B	E
C	O	M	P	A	S
E	M	M	U	R	E
Q	U	E	T	E	R
U	L	L	U	C	O
I	N	A	P	T	E
D	E	C	H	E	T
A	M	O	U	R	S
M	A	L	A	D	E
C	H	I	Q	U	E
E	S	Q	U	I	F
S	Q	U	I	R	E
T	R	E	P	A	S

48 Différences

49 Méli-Mélo

Auvergne, Limousin, Périgord.

30 Le trône

Le Roi se meurt.

31 Petit coin malin

« Un pet sorti des fesses ne se rattrappe jamais. »

32 Cubes… essais

La vue B est impossible.

33 Cryptos rigolos

« Quand un homme est jeune, il a de l'estomac ; quand il l'est moins, il a du ventre. »

34 Anastars

Ma Direction, Sexion d'assaut.

35 Orientation

La figure B (parmi les deux barres quasiment parallèles, celle qui est tordue devrait pointer vers la gauche, vers le crochet et non vers la droite, vers la lettre B).

36 Sudoku

6	7	5	1	4	9	3	2	8
3	8	9	6	2	7	1	5	4
1	4	2	5	8	3	6	9	7
5	3	4	8	7	6	2	1	9
7	1	6	9	5	2	8	4	3
2	9	8	3	1	4	5	7	6
8	2	7	4	3	5	9	6	1
9	5	3	7	6	1	4	8	2
4	6	1	2	9	8	7	3	5

37 Chanson à trous

Tombes, pissez, honnêtes, chagrin.

38 Logique

3.

La série se lit par couple, le premier chiffre est arbitraire, le second correspond au rang dans l'alphabet de l'initiale du premier chiffre écrit en toutes lettres :

Pour 20 (vingt), le V occupe le 22e rang. Pour 15 (quinze), Q est la 17e lettre de l'alphabet. Pour 1 (un), U est au 21e rang. Pour 2 (deux), le D est la 4e lettre. Le dernier, 100 (cent), sera donc suivi du rang de la lettre C, c'est-à-dire 3.

39 Rosace

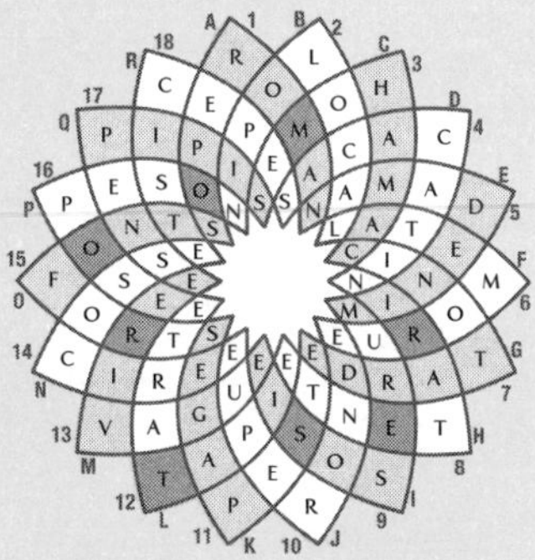

40 Remue-méninges

Nicole KIDMAN (*kid* signifie enfant en anglais et *man* veut dire homme).

41 Charade

Cuvette suspendue (cul-vais-te-suce-paon-dus).

20 Dictionnaire

Beat Generation, Guy Béart, les Beatles.

21 Cryptogrille

La pétanque.

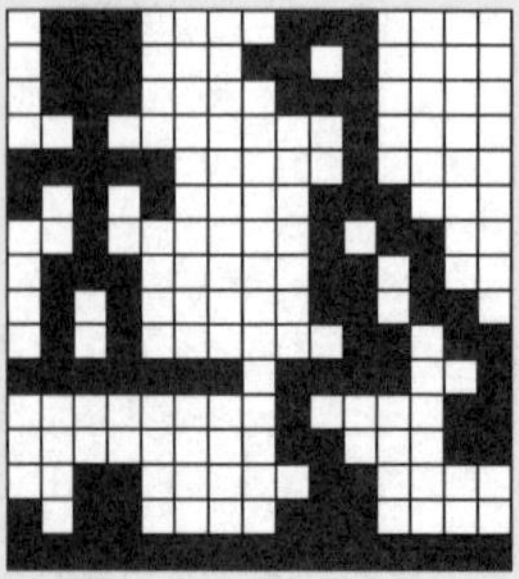

22 Quèsaco

Tourner autour du pot.

23 Logique

21.

Le chiffre suivant chaque animal est le rang de la dernière lettre de son nom dans l'alphabet. La dernière lettre de gnou est un U, lettre occupant le 21e rang de l'alphabet.

24 Différences

25 Entre deux mots

1. Dinde, dindon, dindonneau, dingo, dinosaure. 2. Diligence. 3. Digicode. 4. Didjeridoo, dièse, diminuendo. 5. Digestion, dîner. 6. Diên Biên Phu. 7. Digne-les-Bains, Dijon. 8. Dickens, Diderot. 9. Dietrich. 10. Difool.

26 Motocrotte

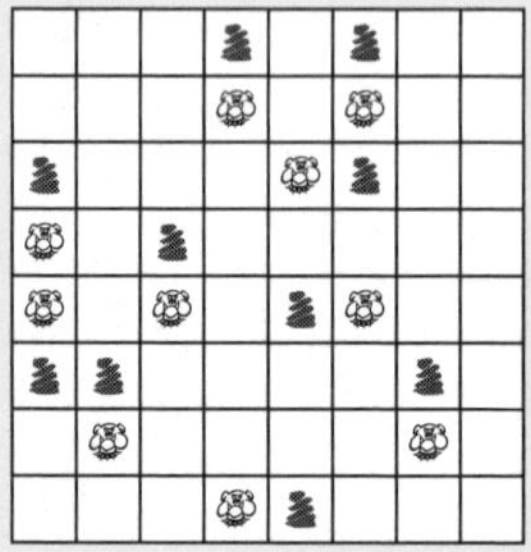

27 Charade

Sanibroyeur (sa-nid-broc-ailleurs).

28 Coupe-lettre

Colette.

1C. Mineur. 2O. Emplis. 3L. Bruant. 4E. Pinard. 5T. Cabine. 6T. Grains. 7E. Martin.

29 Objectif 65

9	19	16	20	1
18	4	21	14	8
2	23	13	3	24
11	12	5	22	15
25	7	10	6	17

10 Anaphrase

TROMPETER.

1. Théier. 2. Ravage. 3. Onglet. 4. Matafs. 5. Potion. 6. Ergots. 7. Terril. 8. Écoper. 9. Recrus.

L'anagramme est PROMETTRE.

11 Sandwich

C'est un visage à étui (sous-entendu, il faudrait le cacher dans un étui tellement il est laid).

O	C	C	I	R	E
U	R	E	T	R	E
I	N	S	T	A	R
P	E	T	A	N	T
H	O	U	S	S	E
Y	A	N	K	E	E
S	A	V	A	N	E
I	R	I	T	I	S
Q	A	S	I	D	A
U	R	A	E	T	E
E	A	G	L	E	S
I	V	E	T	T	E
N	U	A	N	C	E
G	R	E	L	O	T
R	Y	T	H	M	E
A	D	U	L	T	E
T	O	I	S	O	N

12 Crescendo

Ouïs, louis, oublis, biclous, ciboules, boucliers, bricoleurs, bichlorures.

13 Substitution

N remplace S (manquant, chemine, navarin, tornade, nonnette, franque).

14 Le trône

Ubu roi.

15 Remue-méninges

Rio (de Janeiro) dont l'habitant est le Carioca (CA – Rio – CA).

16 Dédale

« C'est facile d'arrêter de fumer, j'arrête vingt fois par jour ! ».

17 Cryptos rigolos

« ...C'est la crainte de l'ennui qui mue nos rêves flamboyants en cauchemars climatisés. »

18 Chanson à trous

Plantent, mouchent, pissent, infidèles.

19 Marions-les !

Intouchables.

1I. Johnny Hallyday. 2N. Lewis Hamilton. 3T. Stéphane Hessel. 4O. Ernest Hemingway. 5U. Alfred Hitchcock. 6C. Billie Holiday. 7H. Victor Hugo. 8A. Michel Hidalgo. 9B. Howard Hawks. 10L. George Harrison. 11E. Christophe Hondelatte. 12S. Thierry Henry.

1	2	3	4	5	6	7	8	9	10	11	12
I	N	T	O	U	C	H	A	B	L	E	S

Solutions

1 Anaphrase

GIROUETTE.

1. Gaufre. 2. Impair. 3. Renvoi. 4. Octuor. 5. Ultime. 6. Enfoui. 7. Tachée. 8. Tissée. 9. Encens.

L'anagramme est GOUTTIÈRE.

2 Cryptos rigolos

« ...de papier hygiénique par tête. Qu'est-ce qu'ils entendent par tête ? »

3 Logique

5.

On divise le chiffre de la première colonne par celui de la seconde et on inscrit le résultat (entier) dans la troisième. Les colonnes suivantes comportent chacune un chiffre après la virgule. Ainsi, 13/3 = 4,33... ; 17/7 = 2,48... ; 25/5 = 5 (, 00) ; 21/2 = 10,50. Pour la dernière ligne, 101/4 = 25,25. Il manque donc le 5 final.

4 Méli-mélo

Bourvil, (Lino) Ventura, (Gad) Elmaleh.

5 Décomposition

1. Croquette, bide. 2. Briquet, décote. 3. Débiter, coquet. 4. Becqueter, diot. 5. Cébidé, troquet.

6 Alphaku

On lit TOM CRUISE dans la dernière colonne.

R	I	U	O	E	M	C	S	T
M	C	T	S	U	R	I	E	O
E	S	O	T	C	I	U	R	M
I	R	M	U	S	E	T	O	C
O	U	E	I	T	C	S	M	R
S	T	C	M	R	O	E	I	U
T	M	S	E	O	U	R	C	I
C	E	I	R	M	T	O	U	S
U	O	R	C	I	S	M	T	E

7 Collage

Absalon, Agnel, Douillet, Estanguet, Goitschel, Killy, Manaudou, Morelon, Ostermeyer, Pérec.

8 Petit coin malin

« Avec une télécommande et une chasse d'eau, l'homme est un animal sédentaire qui vit heureux. »

9 Charade

Apopathodiaphulatophobie (a-pot-pas-tôt-día-fût-la-tôt-faux-bi).

PETIT COIN MALIN

En mettant les mots dans le bon ordre, retrouvez cette citation du romancier et pamphlétaire français Claude Tillier, extraite de *Mon oncle Benjamin* (la ponctuation et les majuscules sont des aides).

un l'estomac ; de
est besoin l'âme.
un boire est de
besoin Manger

364 CHARADE

Mon premier est un animal qui ronronne.

Mon second complète l'expression
« tomber en … »,
synonyme de « être en panne ».

Mon tout est ce jeu lui-même.

CRYPTOS RIGOLOS

363

À l'aide du tableau d'équivalence, décodez cette phrase du chanteur et compositeur français Jacques Dutronc.

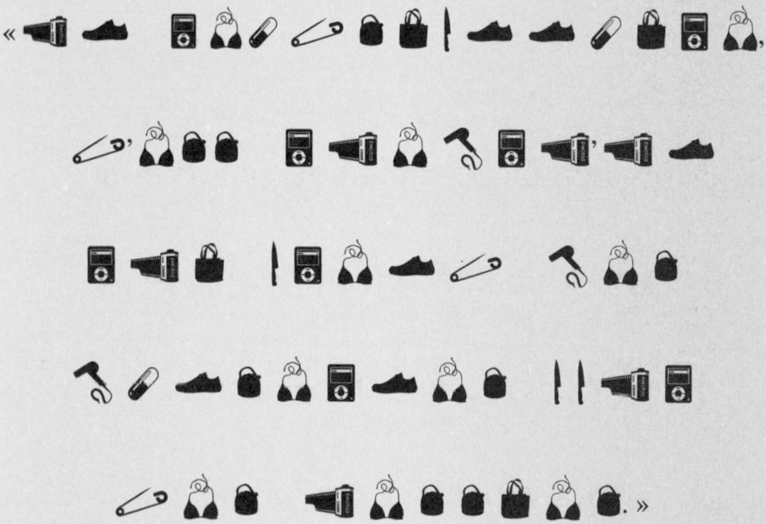

a	c	e	g	i	k	m	o	q	s	u	w	y
b	d	f	h	j	l	n	p	r	t	v	x	z

362 CUBES... ESSAIS

Les lettres Q, B et C ont été inscrites chacune deux fois sur les faces d'un cube. Observez le dé développé et les quatre vues.
Laquelle ne peut pas provenir du dé développé ?

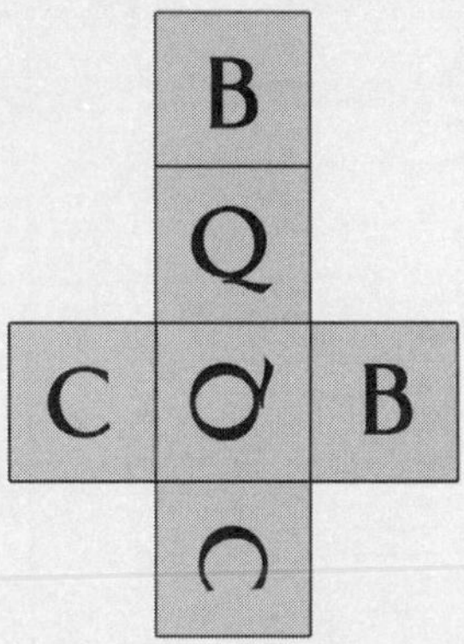

A B C D

361

SUDOKU

Utilisez une seule fois chacun des chiffres de 1 à 9 dans chaque ligne, chaque colonne et chaque zone aux contours noircis.

		7		8				
					3	9		
6	3					8		
	5	2	1					6
	8			2			1	
1					6	7	2	
		4					6	5
		3	2					
				5		2		

DIFFÉRENCES

Trouvez quatre différences entre ces deux photos.

PETIT COIN MALIN

En mettant les mots dans le bon ordre, retrouvez cette pensée mélancolique d'Honoré de Balzac (la ponctuation et les majuscules sont des aides).

a vieillard

homme les qui

manger. est dîné

Un regarde qui

autres et un

358

Cryptos rigolos

À l'aide du tableau d'équivalence, complétez cette phrase de l'écrivain français Roland Dorgelès : « L'écrivain a ce singulier pouvoir de créer de la réalité avec des sornettes, de faire passer pour rouge ce qui est bleu... »

« ...

. »

a	c	e	g	i	k	m	o	q	s	u	w	y
b	d	f	h	j	l	n	p	r	t	v	x	z

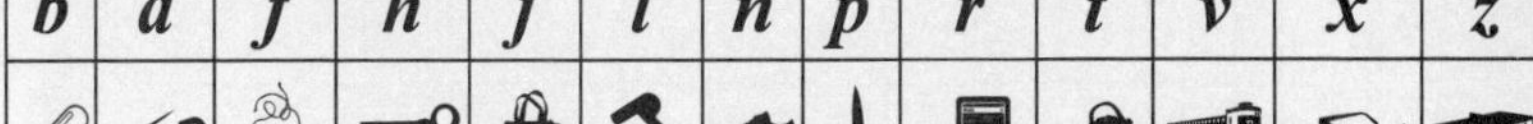

357

MOTOCROTTE

Sachant que chaque chiffre en tête de ligne ou de colonne indique le nombre de crottes qui s'y trouvent, localisez et représentez par des cercles les déjections laissées par les trente-six chiens de la grille pour permettre à la motocrotte automatisée de terminer son travail rapidement.

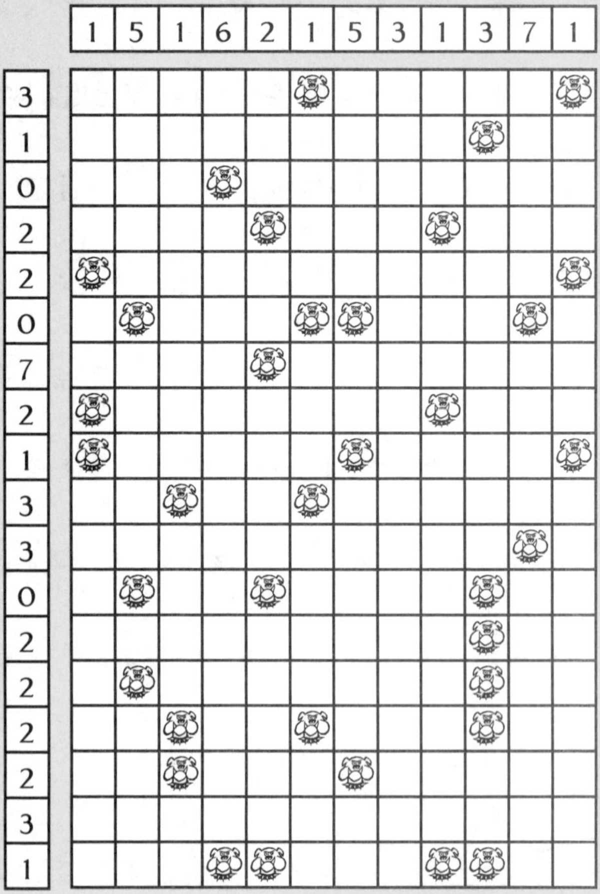

356

DÉCOMPOSITION

« Il ne faut pas rincer la coupe de l'amitié dans la cuvette des W.-C. », nous a-t-il dit. Utilisez une seule fois chacune des seize lettres du PROFESSEUR CHORON afin de former des couples de mots répondant aux définitions ci-dessous (entre parenthèses le nombre de lettres du mot cherché) :

P R O F E S S E U R   C H O R O N

1. Monter jambe deçà, jambe delà (10) __________
   Savants assoupissements (6) ______

2. Compris à Moscou (10) __________
   Contraindre (6) ______

3. Fossoyeurs de cadavres (11) ___________
   Insuccès (5) _____

4. Branches de couverts (9) _________
   Remettre en place (7) _______

5. Attraperons (9) _________
   Taillis (7) _______

CRYPTOS RIGOLOS

355

À l'aide du tableau d'équivalence, décodez cette poétique déclaration d'amour extraite de *Voyage au bout de la nuit* de Céline.

a	*c*	*e*	*g*	*i*	*k*	*m*	*o*	*q*	*s*	*u*	*w*	*y*
b	*d*	*f*	*h*	*j*	*l*	*n*	*p*	*r*	*t*	*v*	*x*	*z*

354 REMUE-MÉNINGES

Pour ce jeu collectif, reportez-vous à la page 4 pour plus d'indications.

Quelle est l'origine de l'expression
« se faire appeler Arthur » :
la légende du roi Arthur ?
l'ours grec « arktos » ?
huit heures en allemand ?

PETIT COIN MALIN

353

En mettant les mots dans le bon ordre, retrouvez ce proverbe québécois (la ponctuation et les majuscules sont des aides).

pas. ne Manger
la ça digère
se soutane, de

LOGIQUE

Quel chiffre complète logiquement
le rectangle ?

21	37	32	10
63	75	?	5
15	20	17	40

DIFFÉRENCES

Trouvez cinq différences entre ces deux photos.

350

CHANSON À TROUS

Utilisez toutes les lettres ci-dessous pour former quatre mots extraits de la chanson *Hyacinthe* de Thomas Fersen.

A A C E E E E H I I L M M N N N
N O O O P P Q R R S S T U U U

« Malgré mon trèfle à _ _ _ _ _ _ feuilles,

Ma médaille de _ _ _ _ _ _ _ _ _

J'vais plus aux W.-C. tout _ _ _ _

Sans _ _ _ _ _ _ _ _ _ _ _ _, Hyacinthe,

Hyacinthe. »

Les initiales des mots à trouver sont dans l'ordre : Q, C, S et A.

CRYPTOS RIGOLOS

349

À l'aide du tableau d'équivalence, décodez cette phrase extraite du recueil *Risibles amours* de Milan Kundera.

a	c	e	g	i	k	m	o	q	s	u	w	y
b	d	f	h	j	l	n	p	r	t	v	x	z

348

MOTOCROTTE

Sachant que chaque chiffre en tête de ligne ou de colonne indique le nombre de crottes qui s'y trouvent, localisez et représentez par des cercles les déjections laissées par les trente-trois chiens de la grille pour permettre à la motocrotte automatisée de terminer son travail rapidement.

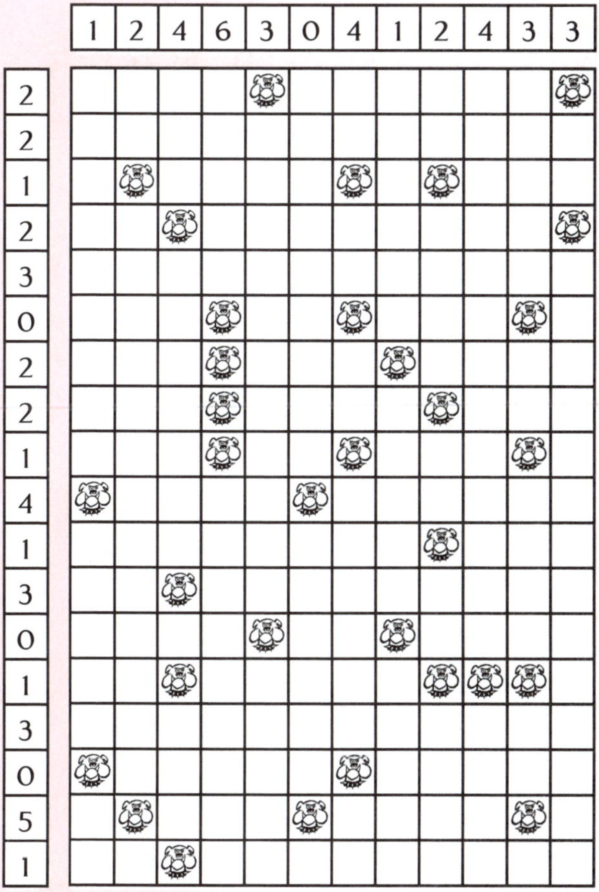

347

DÉCOMPOSITION

Utilisez une seule fois chacune des treize lettres de CATHISOPHOBIE (crainte morbide de s'asseoir ou de rester assis, problématique pour les toilettes…) afin de former des couples de mots répondant aux définitions ci-dessous (entre parenthèses le nombre de lettres du mot cherché) :

C A T H I S O P H O B I E

1. Partage le pouvoir (8) _ _ _ _ _ _ _ _
   Indiens de l'Arizona (5) _ _ _ _ _

2. Ragoût d'oie aux châtaignes (8) _ _ _ _ _ _ _ _
   Erreur statistique (5) _ _ _ _ _

3. Adorateurs du serpent fatal à Ève (7) _ _ _ _ _ _ _
   Cigare cubain (6) _ _ _ _ _ _

4. Chouchou de l'île Maurice (7) _ _ _ _ _ _ _
   Vin chaud épicé (6) _ _ _ _ _ _

5. Milieu naturel et stable (7) _ _ _ _ _ _ _
   Spécialité de Parmentier (6) _ _ _ _ _ _

346

MÉLI-MÉLO

Retrouvez les noms de famille de trois actrices de langue anglaise. Pour chacune, l'initiale figure sur le premier panneau, la deuxième lettre sur le deuxième panneau, et ainsi de suite. Toutes les lettres doivent être utilisées.

MÉTAMORPHOSE

Rien ne se perd, tout se transforme.

Prenez un singe à museau de chien, ajoutez lui deux L sans modifier l'ordre des lettres ; laissez-le s'envoler et devenir un insecte qui aura ainsi deux L et quatre ailes…

En quoi consiste cette métamorphose ?

344

SANDWICH

Complétez les mots horizontaux de six lettres. Plusieurs possibilités s'offrent parfois à vous mais une seule vous permettra de trouver l'expression argotique signifiant « être enterré ».

S	A		A	R	I
A	M		S	E	R
N	O		M	E	E
S	H		R	R	Y
P	U		E	T	E
I	G		A	N	E
S	A		T	A	L
S	M		G	M	A
E	S		O	R	S
N	I		L	E	S
L	O		C	H	E
I	N		U	I	T
T	C		A	N	S
S	I		S	T	E

LE LIEN

Ces mots n'ont apparemment guère de rapport entre eux. Toutefois, un lien invisible les unit, *via* des mots composés, des expressions familières, des insertions ou des rallonges. Trouvez ce lien.

INVENTION
TOURELLE
INCHANGEABLE
DÉMINER
MINUS
PANEL

342

QUÈSACO

Quelle expression est suggérée dans le cadre ci-dessous ?

L

I

R

E

OBJECTIF 65

Atteignez la somme de 65 dans toutes les directions (horizontalement, verticalement et dans les deux grandes diagonales) en remplissant les cases vides par les chiffres de 1 à 25 ne figurant pas encore dans ce carré magique.

8	12		5	21
20				14
	9		16	
11	18	2		
			13	17

PASSE-TEMPS

Reliez les points de 1 à 22 et de A à Y pour découvrir un pictogramme voyeuriste.

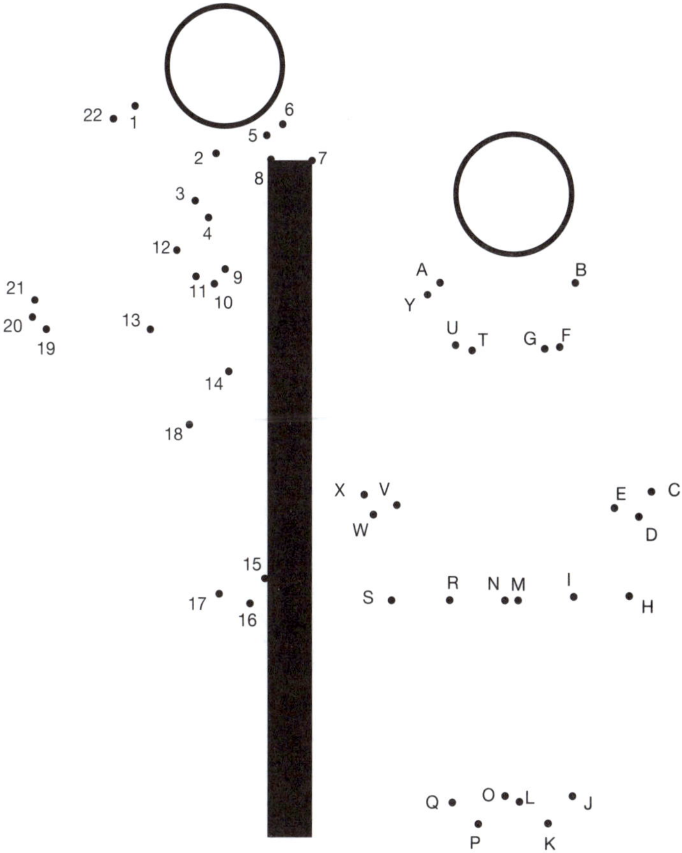

LE TRÔNE

Mon nom de naissance est
Alexandrine Victoire de Hanovre.

Je suis née en 1819, à Londres,
et morte en 1901, sur l'île de Wight.

Mon règne est marqué par une large expansion de mon empire, devenu la première puissance mondiale, et par la révolution industrielle.

Considérée comme la « grand-mère de l'Europe », je compte parmi mes neuf enfants et mes cinquante-trois petits-enfants un empereur, deux impératrices, deux rois et cinq reines.

Je suis reine du Royaume-Uni de Grande-Bretagne et d'Irlande, de 1837 à ma mort, et impératrice des Indes à partir de 1876 ; mon règne est le plus long de toute l'histoire du Royaume-Uni.

Qui suis-je ?

338

ENTRE DEUX MOTS

Trouvez les éléments suivants, sachant que les mots cherchés sont tous entre CHASSE et CHIASSE dans l'ordre alphabétique.

1. Deux animaux volants au nom composé
2. Un mot composé avec une référence à l'urine
3. Au moins trois fromages
4. Deux chefs-lieux français
5. Une spécialité de fast-food
6. Un mot composé d'origine anglaise avec un G avant et après le trait d'union
7. Le lieu de violents combats de 1917 à 1918
8. Une grotte située en Ardèche
9. Un conte de Perrault
10. Un personnage du *Mariage de Figaro*

PASSE-TEMPS

Vous trouvez le temps long ? Recopiez soigneusement ce pictogramme.

DIFFÉRENCES

Trouvez quatre différences entre ces deux photos.

PLAYLIST

Chacun de vos amis se munit d'une photocopie de la liste ci-dessous et d'un stylo. Le but est de retrouver les noms de vingt personnages des aventures d'Astérix le Gaulois. Celui qui a trouvé le plus de noms ou a terminé en premier remporte le jeu.

1. Le chien d'Astérix
2. L'ami tombé dans la potion magique
3. Le druide du village
4. Le chef du village
5. La femme du chef
6. Le barde à la voix épouvantable
7. Le forgeron se plaignant de l'odeur de poisson
8. Le poissonnier dont le poisson ne serait pas frais
9. Le doyen du village
10. La jolie fille habitant à Condate
11. L'ado, neveu du chef, héros d'Astérix et les Normands
12. Le faux devin joué par Daniel Prévost au cinéma
13. Le druide gaulois agent secret de César
14. Le cuisinier belge qui aurait inventé la frite
15. Le cousin germain (mais breton) d'Astérix interprété par Guillaume Gallienne
16. L'architecte devant construire le palais de Cléopâtre en trois mois
17. Le Romain semeur de zizanie
18. Le pirate posté à la vigie
19. Le chef des pirates
20. Le vieil unijambiste des pirates

334

COUPE-LETTRE

Biffez une lettre sur chaque ligne pour donner naissance à un mot de six lettres, sans changer l'ordre de celles-ci. Reportez la lettre biffée dans la case pour lire verticalement le nom de l'auteur de ces mots : « La révolte des jeunes : vomir. L'ultime révolte des vieux : chier partout. »

1. V I T R A U X ☐
2. O R A N G E S ☐
3. I M P L O S E ☐
4. T R I P A L E ☐
5. M E N T A U X ☐
6. T A R D I F S ☐
7. G E N I T A L ☐
8. S O I G N E R ☐
9. L O U P A N T ☐
10. G A U L O I S ☐
11. R I D E A U X ☐

SUBSTITUTION

333

Observez les mots suivants et repérez une lettre qui leur est commune. Trouvez ensuite quel son substituer à celle-ci pour former de nouveaux mots.

SÈCHE

VISEUR

SOUILLON

CASANT

SAVOURE

SAILLANT

332 ALPHAKU

Utilisez une seule fois dans chaque ligne, chaque colonne et chaque zone chacune des neuf lettres constituant cet alphaku. La grille vous révélera un mot apparu récemment dans les dictionnaires.

		S						
		O		C				
	R				P	Y	C	
S	T		R		H			
Y				E				
			Y		S		T	E
	H	C	E				P	
				R		S		
						T		

ANASTARS

Vous devez retrouver le titre d'une chanson de 1962 et le nom de son interprète, dissimulés derrière deux anagrammes fantaisistes. Aidez-vous des tirets pour reconstituer les mots cherchés.

IXIÈME CLAN

_ _   _ _ _ _ _ _ _ _

LANCE MARMOT

_ _ _ _ _ _   _ _ _ _ _

330

DÉDALE

Déplacez-vous dans ce rectangle pour lire une citation de Sacha Guitry. Vous devez utiliser toutes les lettres en passant de l'une à l'autre horizontalement ou verticalement mais jamais en diagonale. Démarrez dans un angle.

A	D	A	L	N	O
N	S	S	E	N	J
E	S	I	S	U	O
S	P	U	E	L	U
B	S	B	S	R	R
R	A	R	S	U	S
E	S	A	O	L	R
T	E	N	D	E	U
B	I	T	O	T	S

329

BÉGAIEMENTS

Tous les mots à trouver contiennent un « bégaiement », c'est-à-dire la répétition d'une même séquence auditive comme dans les mots « entêté », « millilitre » ou « balalaïka ».
Chercher est maintenant votre tâche.

1. C'est l'habitant de la capitale de Madagascar.

2. C'est renvoyer à une date ultérieure, en droit.

3. C'est un organite assurant la digestion intracellulaire.

4. Cette observation est portée sur le procès-verbal ou sur un rapport d'expert.

5. Cet adjectif masculin a parfaitement sa place dans ce jeu sur les bégaiements…

PETIT COIN MALIN

En mettant les mots dans le bon ordre, retrouvez cette citation du professeur et poète américain Charles T. Copeland (la ponctuation et les majuscules sont des aides).

humain, est

digérer Manger

divin. est

PASSE-TEMPS

Dans ces rangs, combien de toilettes ont été utilisées sans erreur possible par des hommes ?

DIFFÉRENCES

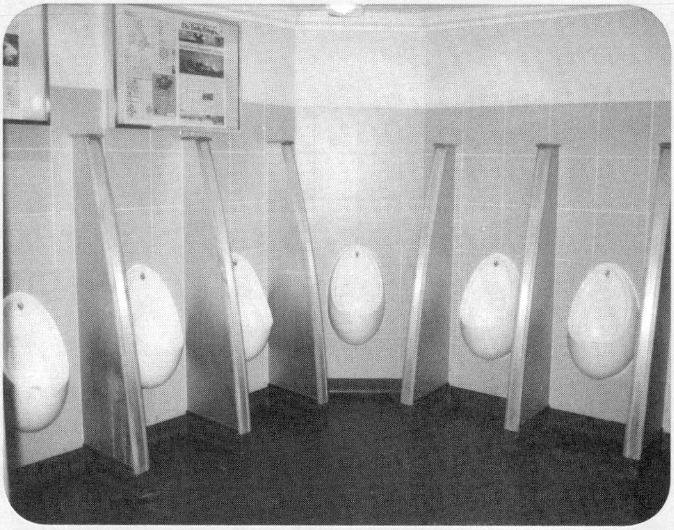

Trouvez trois différences entre ces deux photos.

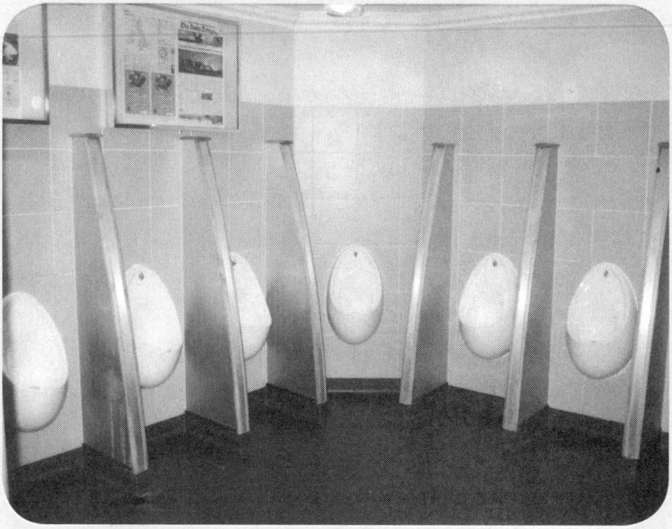

DICTIONNAIRE

Pour ce jeu collectif, reportez-vous à la page 4 pour plus d'indications.

Dans la partie noms propres du dictionnaire, on trouve Pomone, la déesse grecque des Fruits et des Jardins.

Quels sont les quatre noms qui la suivent immédiatement ?

324

SUDOKU

Utilisez une seule fois chacun des chiffres de 1 à 9 dans chaque ligne, chaque colonne et chaque zone aux contours noircis.

	7	4				2		
	6			3				
		9			5			
	5			8	9			1
			7		2			
1			5	6			4	
			8			5		
				5			7	
		2				3	6	

LOGIQUE

Quel chiffre complète logiquement le carré ?

5	3	7	8
2	8	9	7
3	3	8	1
6	3	9	?

PASSE-TEMPS

Combien dénombrez-vous de pictogrammes mixtes sur cette page ?

BALANCES

Les deux premières balances sont équilibrées. Combien faut-il déposer de triangles sur le plateau droit de la troisième pour obtenir le même résultat ?

320

LE TRÔNE

Je suis né en 1494, à Trébizonde,
et mort en 1566, à Szigetvár.

Je suis appelé « le Législateur » en Orient, en raison de ma politique de changements législatifs.

Je suis appelé « le Magnifique » en Occident et deviens l'un des plus éminents monarques de l'Europe du XVIe siècle en menant mon empire à l'apogée de sa puissance économique, militaire et politique et à l'âge d'or de son art, de sa littérature et de son architecture.

Dixième sultan de l'Empire ottoman de 1520 à ma mort, j'épouse une femme de mon harem, Roxelane, en rupture avec les traditions ottomanes.

Qui suis-je ?

REMUE-MÉNINGES

Pour ce jeu collectif, reportez-vous à la page 4 pour plus d'indications.

Trouvez une expression synonyme de perdre le nord qui, curieusement, fait référence à un autre point cardinal ?

318

CHANSON À TROUS

Utilisez toutes les lettres ci-dessous pour former six mots extraits de la chanson *Socialiste* de Renaud.

Pour les trois premiers mots :

AAAAEEEEEGGILNNNORRRTTTT

Pour les trois suivants :

ACEFFFGIIIMNORRRRTTUU

« Je peux pas dire qu'elle était vulgaire

ou _ _ _ _ _ _ _ _ _

Elle était même plutôt au contraire _ _ _ _ _ _ _ _

Comme une _ _ _ _ _ _ _

de _ _ _ _ _ _ _ _ _ dans le café

Comme un _ _ _ _ _ _ _ _ sur le _ _ _ des W.-C. »

Les initiales des mots à trouver sont dans l'ordre : A, E, T, C, G et M.

317

LE LIEN

Ces mots n'ont apparemment guère de rapport entre eux. Toutefois, un lien invisible les unit, *via* des mots composés, des expressions familières, des insertions ou des rallonges. Trouvez ce lien.

CHIQUE
BRIE
PORTEUR
MÉLANIQUE
DÉLATION
LATÉRAL
ÈRE

CRYPTOGRILLE

Cette grille cache un dessin. Les chiffres indiquent, dans l'ordre, la taille des blocs de cases noires sur la ligne ou la colonne correspondante. Deux blocs ne peuvent se toucher et sont donc séparés par au moins une case blanche. Une seule répartition est possible pour aboutir au dessin final.
Celui-ci évoque-t-il plutôt les vacances ou le boulot ?

	1			1						1	3		
	2			2				1	3	3	4		
	3			3			5	2	6	1	1	7	
	3		14	3			1	2	2	3	2	2	5
18	2	18	1	1	18	1	1	1	5	5	1	1	1

			6	3
1	2	1	2	1
			6	3
			6	1
	1	2	1	4
1	2	1	1	2
		6	1	2
		6	1	2
		6	1	1
	1	2	1	5
1	2	1	1	1
	6	1	3	1
	6	1	3	1
	6	1	1	1
1	1	1	2	2
	1	1	1	7
		3	1	2
		8	2	2
				2
				4

CRYPTOS RIGOLOS

315

À l'aide du tableau d'équivalence, décodez cette phrase du médecin et psychothérapeute allemand Georg Groddeck.

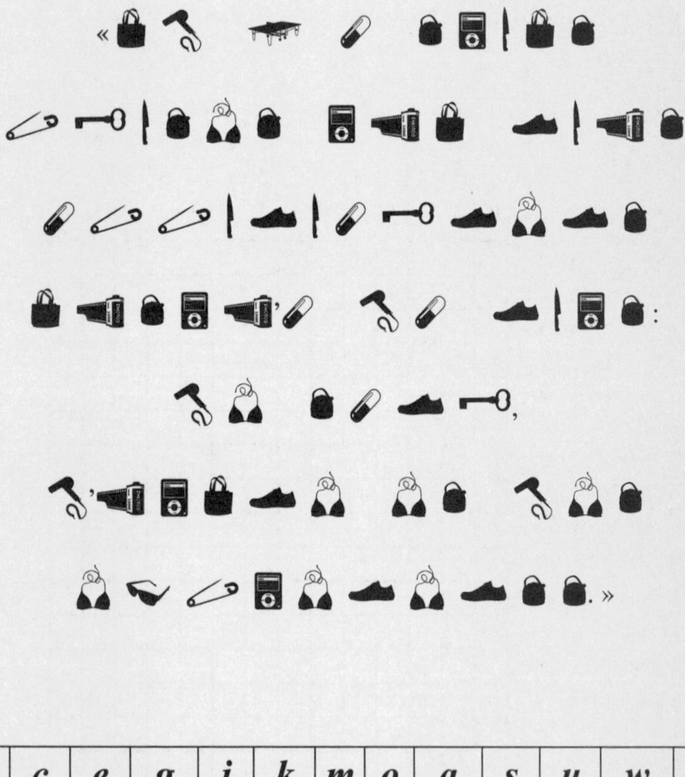

a	*c*	*e*	*g*	*i*	*k*	*m*	*o*	*q*	*s*	*u*	*w*	*y*
b	*d*	*f*	*h*	*j*	*l*	*n*	*p*	*r*	*t*	*v*	*x*	*z*
	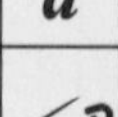		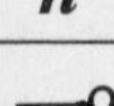	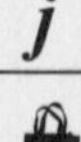				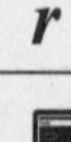	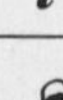	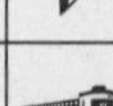	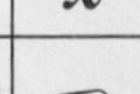	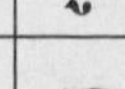

314

CHARADE

Mon premier est le prénom de Mr Charles, célèbre auteur-compositeur-interprète américain.

Mon second est un pronom indéfini.

Mon troisième complète la série d'adjectifs possessifs « ma, ta, ... ».

Mon quatrième est l'endroit où les oisillons sortent de leur coquille.

Mon cinquième est le nom de la planète bleue.

Mon tout est l'endroit où l'on trouve des toilettes en vente dans un magasin de bricolage.

PLAYLIST

313

Chacun de vos amis se munit d'une feuille et d'un stylo. Le but est de citer un maximum de titres d'albums des aventures de Tintin. Il y en a eu vingt-quatre dont un inachevé. Chaque joueur a donc droit à vingt-quatre propositions, celui qui a trouvé le plus de titres figurant dans la liste donnée en solution remporte le jeu. Vous pouvez adopter une règle différente : un nom dans la liste rapporte un point, un nom qui n'y est pas fait perdre un point ; le jeu devient plus stratégique…

1. ______________________
2. ______________________
3. ______________________
4. ______________________
5. ______________________
6. ______________________
7. ______________________
8. ______________________
9. ______________________
10. ______________________
11. ______________________
12. ______________________
13. ______________________
14. ______________________
15. ______________________
16. ______________________
17. ______________________
18. ______________________
19. ______________________
20. ______________________
21. ______________________
22. ______________________
23. ______________________
24. ______________________

DIFFÉRENCES

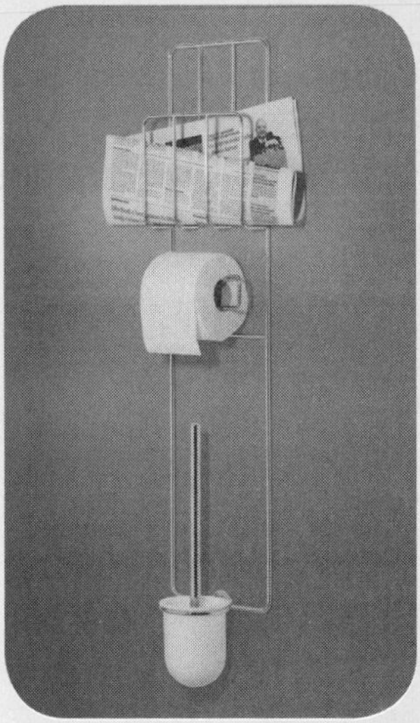

Trouvez trois différences entre ces deux photos.

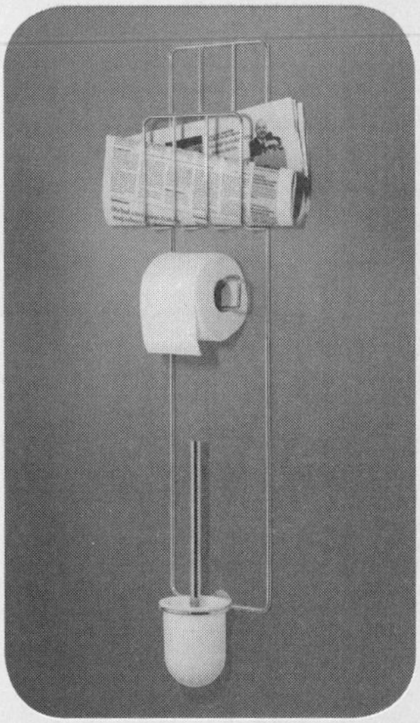

MOTOCROTTE

Sachant que chaque chiffre en tête de ligne ou de colonne indique le nombre de crottes qui s'y trouvent, localisez et représentez par des cercles les déjections laissées par les trente chiens de la grille pour permettre à la motocrotte automatisée de terminer son travail rapidement.

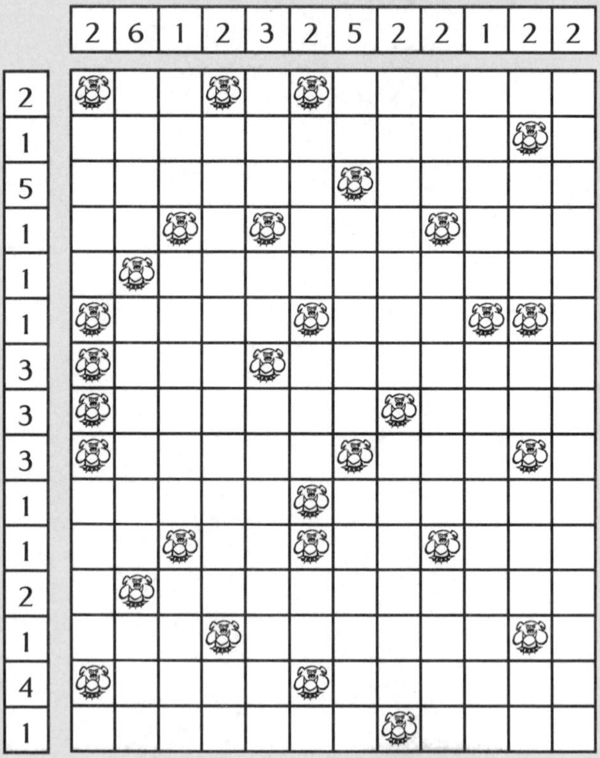

310 PASSE-TEMPS

Vous trouvez le temps long ? Customisez les habits de ces deux personnages avec des bandes de papier toilette (très à la mode cette année).

SANDWICH

Complétez les mots horizontaux de six lettres. Plusieurs possibilités s'offrent parfois à vous mais une seule vous permettra de trouver l'expression argotique signifiant « faire caca ».

P	A		A	N	E
O	G		V	A	L
E	N		U	I	T
S	P		L	E	O
I	R		I	T	E
E	C		M	E	R
P	O		E	Y	S
O	B		O	N	G
E	G		L	E	E
S	A		H	I	R
I	N		T	I	E
E	N		U	Y	E

CURIOSITÉ

Depuis l'indo-européen *via* des langues plus modernes, les mots ci-dessous s'enchaînent logiquement. Pourquoi ?

SANGLIER
DIPLÔME
TRÈFLE
CARRIÈRE
PUNCH
SIESTE
SEPTENTRION

PETIT COIN MALIN

307

En mettant les mots dans le bon ordre, retrouvez cette citation de l'écrivain français Charles Regismanset (la ponctuation et les majuscules sont des aides).

des sais qui
trouve veut fiers
constipation. de
s'exercer toujours
vanité matière :
je La gens leur

LE TRÔNE

Je suis né en 1672 à Moscou
et mort en 1725 à Saint-Pétersbourg.

J'ai profondément réformé mon pays et mené une politique expansionniste qui l'a transformé en puissance européenne.

Je me heurte aux idées contraires de mon fils Alexis Petrovitch, ce qui m'amène à le juger, en 1718, « coupable de crime contre la sûreté de l'État » et à le condamner au fouet jusqu'à ce que mort s'ensuive.

Je suis tsar de Russie dès 1682 et deviens le premier empereur de l'Empire russe de 1721 à ma mort.

Qui suis-je ?

CRESCENDO

Ajoutez une à une les lettres proposées pour découvrir un nouveau mot à chaque ligne.

I O N

+ C = _ _ _ _

+ F = _ _ _ _ _

+ E = _ _ _ _ _ _

+ N = _ _ _ _ _ _ _

+ D = _ _ _ _ _ _ _ _

+ T = _ _ _ _ _ _ _ _ _

304

DIFFÉRENCES

Trouvez cinq différences entre ces deux photos.

MÉTAMORPHOSE

Rien ne se perd, tout se transforme.

En anglais, un se dit ONE, deux TWO, onze ELEVEN et douze TWELVE.

Si vous écrivez 11 + 2 = 12 + 1,
soit ELEVEN + TWO = TWELVE + ONE,
vous avez bien un total de 13 de chaque côté.

Observez bien l'égalité et expliquez pourquoi cette métamorphose dans la décomposition de 13 est magique…

302

QUÈSACO

Quelle expression est suggérée dans le cadre ci-dessous ?

AL	MA
NE	UF
ARC	OLE
TANCAR	VILLE
MIRA	BEAU

CRYPTOS RIGOLOS

À l'aide du tableau d'équivalence, décodez cette phrase du romancier français Frédéric Dard.

a	*c*	*e*	*g*	*i*	*k*	*m*	*o*	*q*	*s*	*u*	*w*	*y*
b	*d*	*f*	*h*	*j*	*l*	*n*	*p*	*r*	*t*	*v*	*x*	*z*
	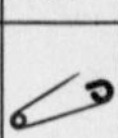		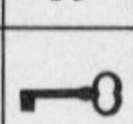					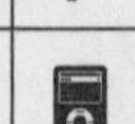				

300

ANASTARS

Vous devez retrouver le titre d'une chanson adaptée d'un succès de Stevie Wonder et le nom de son interprète, dissimulés derrière deux anagrammes fantaisistes. Aidez-vous des tirets pour reconstituer les mots cherchés.

DÉSOLÉ, MA VIEILLE !

_ _   _ _ _ _ _ _   _ _   _ _   _ _ _

IL A DES CHATS

_ _ _ _ _   _ _ _ _ _ _

Marcel va aux toilettes trois fois par jour,
Rémi n'y va qu'une seule fois.
Alexandre y va huit fois par jour,
Florentin y court quatre fois, Jean-François six ou sept… mais Matthieu et Cunégonde n'y vont jamais !

Combien de fois Théophraste visitera-t-il le petit coin ?

CHARADE

Mon premier est la note après *do*
dans la gamme.

Si on ajoute mon second à un dé,
je deviens le Sahara.

Mon troisième est l'action qu'une personne
aveugle ne peut accomplir.

Mon quatrième est la note avant *ré*
dans la gamme.

Mon tout est la petite cuve remplie d'eau
pour la chasse d'eau.

DÉCOMPOSITION

Utilisez une seule fois chacune des treize lettres
de PISSE-VINAIGRE (personne sans humour ou avare)
pour former des couples de mots répondant aux définitions
ci-dessous (entre parenthèses le nombre de lettres du mot cherché) :

P I S S E - V I N A I G R E

1. Poire, fraise ou citron (6) ______
   Touché par la muse (7) _______

2. Changer de consistance (8) ________
   Arbrisseau donnant du raisin (5) _____

3. État du tabac (8) ________
   Transmission de balle (5) _____

4. Objets de vannerie (7) _______
   Postes d'observation (6) ______

5. Rendu irritable (5) _____
   Préoccupées ou songeuses (8) ________

ORIENTATION

Toutes ces figures sont différentes sauf deux. Lesquelles ?

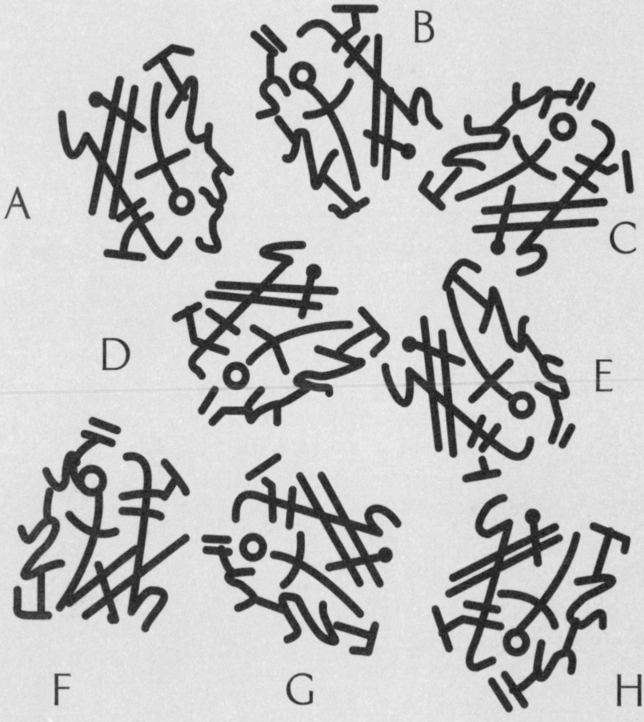

PASSE-TEMPS

295

Sur cette page, y a-t-il plus de rouleaux de papier toilette blanc ou de papier toilette noir ? À vous de compter !

294

ANAPHRASE

Les mots suivants n'ont qu'une anagramme connue, notez-la à droite. Les initiales des mots trouvés formeront verticalement un dixième mot qui, à son tour, n'a qu'une anagramme.
Ces deux mots permettent de compléter la phrase :

« Les femmes se _ _ _ _ _ _ _ _ _ _ _

en assistant à l' _ _ _ _ _ _ _ _ _ _ totale

de la plus velue d'entre elles. »

1. ANAPHORIQUES _ _ _ _ _ _ _ _ _ _ _ _
2. PELOTONNERAI _ _ _ _ _ _ _ _ _ _ _ _
3. EMMIELLERAIT _ _ _ _ _ _ _ _ _ _ _ _
4. LUSITANIENNE _ _ _ _ _ _ _ _ _ _ _ _
5. QUITTANCERAS _ _ _ _ _ _ _ _ _ _ _ _
6. LIBERALISERA _ _ _ _ _ _ _ _ _ _ _ _
7. ENNEIGEMENTS _ _ _ _ _ _ _ _ _ _ _ _
8. MOUTONNERAIT _ _ _ _ _ _ _ _ _ _ _ _
9. CROCHETAIENT _ _ _ _ _ _ _ _ _ _ _ _

CUBES... ESSAIS

Les lettres Q, B et C ont été inscrites chacune deux fois sur les faces d'un cube. Observez le dé développé et les quatre vues.
Laquelle ne peut pas provenir du dé développé ?

A B C D

Petit coin malin

En mettant les mots dans le bon ordre, retrouvez cette citation du journaliste et médecin français Théophraste Renaudot, qui donna son nom au prix littéraire en 1925 (la ponctuation et les majuscules sont des aides).

du constipation

de La de

l'information

rétention est

forme savoir. une

CRYPTOGRILLE

Cette grille cache un dessin. Les chiffres indiquent, dans l'ordre, la taille des blocs de cases noires sur la ligne ou la colonne correspondante. Deux blocs ne peuvent se toucher et sont donc séparés par au moins une case blanche. Une seule répartition est possible pour aboutir au dessin final. Que voyez-vous ?

									1					
						2		2	6	2	4			
				3	3	14	15	13	6	4	3	2	2	
6	8	9	13	14	16	3	2	2	1	2	1	2	3	4

	1
	2
	3
2	2
	2
	2
	5
	5
	7
	9
7	1
7	1
7	2
9	2
12	2
12	1
12	1
11	2
10	1
6	2
6	3
	8
	3

290

BALANCES

Les deux premières balances sont équilibrées.
Combien faut-il déposer de triangles sur le plateau droit de la troisième pour obtenir le même résultat ?

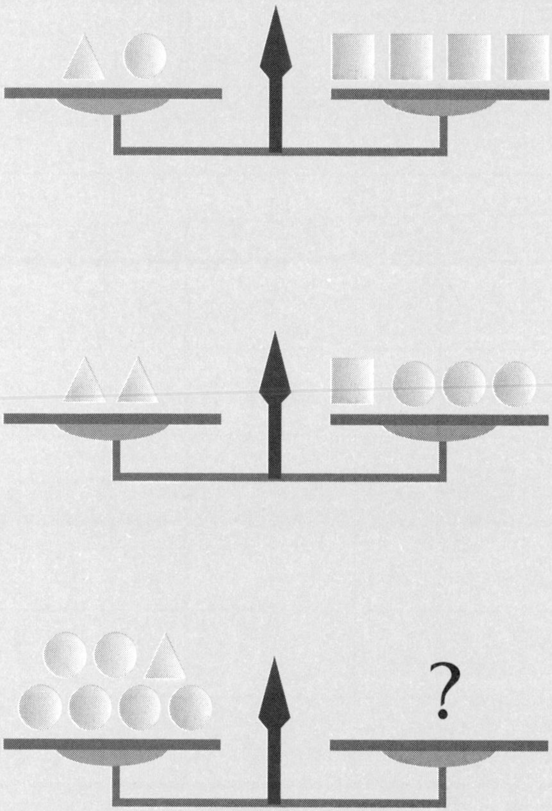

SUDOKU

Utilisez une seule fois chacun des chiffres de 1 à 9 dans chaque ligne, chaque colonne et chaque zone aux contours noircis.

					3		1	4
	8	9				2		
	2			6	7			
					6	8		
9								2
		5	1					
			4	1			5	
		3				4	2	
6	5		3					

DIFFÉRENCES

Trouvez cinq différences entre ces deux photos.

PLAYLIST

Dans les pages roses du dictionnaire, il y a des proverbes, des sentences et des maximes. Nous vous demandons d'en citer dix-huit contenant le petit mot « EN » (tel quel, pas les deux lettres de chien par exemple) ou le mot « UNE » ou le mot « DEUX ». Une phrase contenant plusieurs de ces mots vaudra plusieurs points. Chaque joueur a droit à dix-huit propositions, celui qui a trouvé le plus de proverbes, sentences ou maximes figurant dans la liste donnée en solution remporte le jeu. Vous pouvez utiliser votre propre dictionnaire comme référence et, si vous trouvez le jeu trop difficile sous cette forme, le maître du jeu peut essayer de faire deviner chaque élément donné en solution à la cantonade et attribuer des points à ceux qui trouvent le plus rapidement.

1. ____________________
2. ____________________
3. ____________________
4. ____________________
5. ____________________
6. ____________________
7. ____________________
8. ____________________
9. ____________________
10. ____________________
11. ____________________
12. ____________________
13. ____________________
14. ____________________
15. ____________________
16. ____________________
17. ____________________
18. ____________________

LE TRÔNE

Je suis né le 15 septembre 1904, à Racconigi, et mort le 18 mars 1983, à Genève.

J'ai régné trente-cinq jours, du 9 mai au 13 juin 1946, ce qui me vaut le surnom de « roi de Mai ».

Je quitte mon pays quelques jours avant la proclamation de la République votée par référendum.

Dernier roi d'Italie, je finis mes jours en exil ; mes descendants, Victor-Emmanuel et Emmanuel-Philibert de Savoie, devront attendre 2002 pour être autorisés à revenir en Italie, suite à l'émotion populaire causée par la mort de mon épouse, la reine Marie-José.

Qui suis-je ?

ENTRE DEUX MOTS

285

Trouvez les éléments suivants, sachant que les mots cherchés sont tous entre BOUDIN et CACA dans l'ordre alphabétique (noms communs ou noms propres).

1. Au moins quatre races de chiens
2. Trois éléments d'un arbre
3. Au moins trois poissons
4. Au moins trois mots (hors noms propres) se terminant par un O
5. Au moins six capitales du monde
6. Un philosophe connu pour son âne
7. Un pionnier américain devenu directeur de cirque
8. Un palais abritant des souverains depuis 1837
9. Une forêt légendaire
10. Une artère traversant New York, dans Manhattan

284 PETIT COIN MALIN

En mettant les mots dans le bon ordre, retrouvez cette citation du poète français Jean L'Anselme (la ponctuation et les majuscules sont des aides).

chasse, après la
perd tiré place.
on sa W. C. : avoir

REMUE-MÉNINGES

Pour ce jeu collectif, reportez-vous à la page 4 pour plus d'indications.

D'où vient l'expression travailler au noir ?
Est-ce :

de la période de l'esclavage ?

de la consommation de café
des cumulards de plusieurs boulots ?

de l'obscurité dans laquelle
certains continuent à bosser ?

282

SUBSTITUTION

Observez les mots suivants et repérez une lettre qui leur est commune. Trouvez ensuite quelle lettre substituer à celle-ci pour former de nouveaux mots.

BALCONNET

CASSANTE

ÉVACUATION

SERVICE

ÉCLIPTIQUE

DÉCAISSER

CHARADE

Mon premier est le nom de famille de René,
président de la République de 1954 à 1959.

Mon second est le participe passé
du verbe « dire ».

Mon troisième est la quatorzième
lettre de l'alphabet.

Mon tout est la fréquence à laquelle
toute personne va aux toilettes.

280

ANAPHRASE

Les mots suivants n'ont qu'une anagramme connue, notez-la à droite. Les initiales des mots trouvés formeront verticalement un dixième mot qui, à son tour, n'a qu'une anagramme.
Ces deux mots permettent de compléter la phrase :

« Les expériences sur la ___________ sont ___________ jusqu'à nouvel ordre : les écolos ont eu le dernier mot ! »

1. SUBVIENNE __________
2. EMPILERAI __________
3. PROSPÈRES __________
4. TOURNEUSE __________
5. GUIDEROPE __________
6. RELÂCHANT __________
7. NOCIVITÉS __________
8. VAQUERONT __________
9. COEXISTER __________

CRYPTOS RIGOLOS

À l'aide du tableau d'équivalence, complétez cet aphorisme extrait du recueil *Pense-bêtes* de Roland Topor : « Les lèches-culs se croient très malins... »

a	c	e	g	i	k	m	o	q	s	u	w	y
b	d	f	h	j	l	n	p	r	t	v	x	z

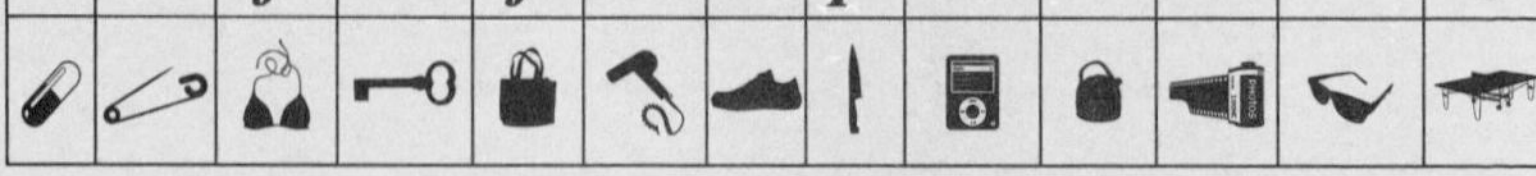

PASSE-TEMPS

Vous trouvez le temps long ?

Dessinez vos propres décorations d'abattant et de lunette.

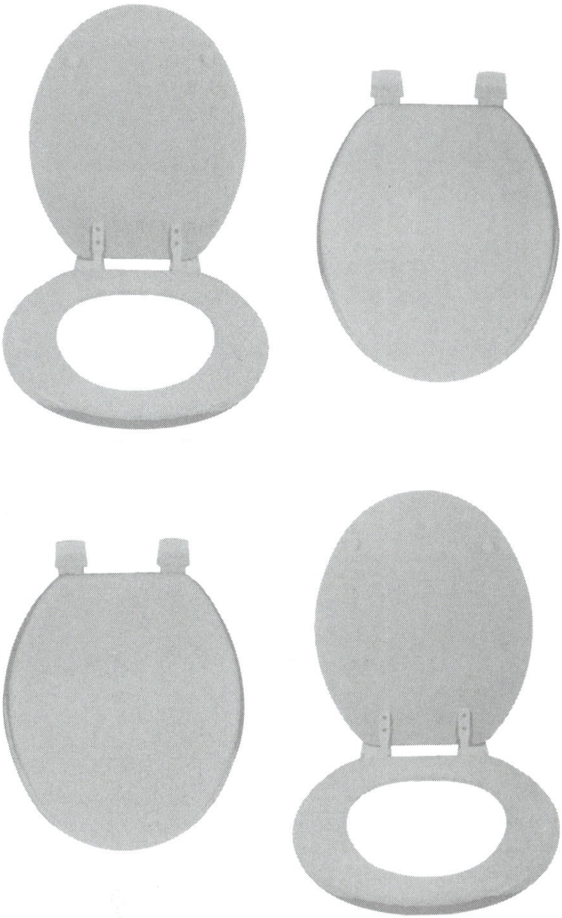

277

CRESCENDO

Ajoutez une à une les lettres proposées pour découvrir un nouveau mot à chaque ligne. Vous devrez conjuguer deux fois.
Les mots à astérisque sont moins connus.

T U É

+ T = _ _ _ _

+ O = _ _ _ _ _

+ I = _ _ _ _ _ _

+ Q* = _ _ _ _ _ _ _

+ N = _ _ _ _ _ _ _ _

+ A = _ _ _ _ _ _ _ _ _

+ I = _ _ _ _ _ _ _ _ _ _

+ X* = _ _ _ _ _ _ _ _ _ _ _

276

COLLAGE

Dix morceaux du corps humain ont été découpés en tranches. Reconstituez-les à partir des lettres ci-dessous.

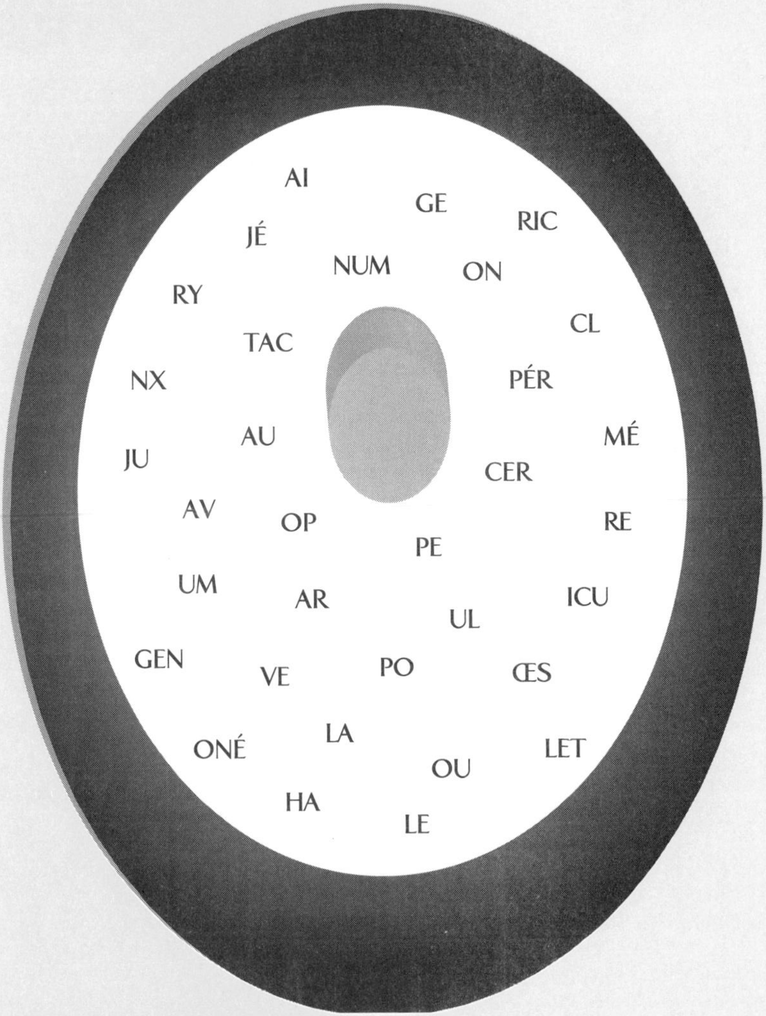

275

LE LIEN

Ces mots n'ont apparemment guère de rapport entre eux. Toutefois, un lien invisible les unit, *via* des mots composés, des expressions familières, des insertions ou des rallonges. Trouvez ce lien.

TÊTE
RATS
TEMPS
RIRE
VACHES
CROQUE

274

MOTOCROTTE

Sachant que chaque chiffre en tête de ligne ou de colonne indique le nombre de crottes qui s'y trouvent, localisez et représentez par des cercles les déjections laissées par les vingt-sept chiens de la grille pour permettre à la motocrotte automatisée de terminer son travail rapidement.

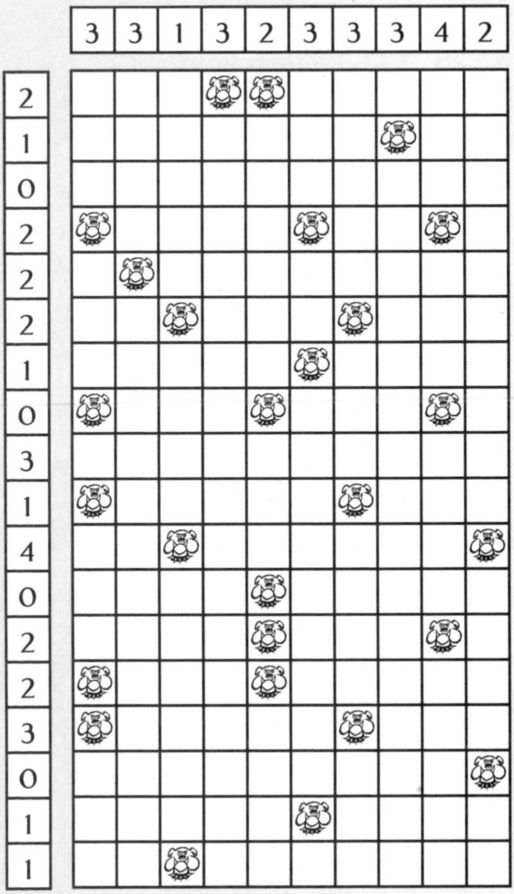

CURIOSITÉ

273

Quelle lettre figurant sur le clavier AZERTY de votre ordinateur ne vous sera utile que pour écrire un seul mot de la langue française ?

COUPE-LETTRE

Biffez une lettre sur chaque ligne pour donner naissance à un mot de six lettres, sans changer l'ordre de celles-ci. Reportez la lettre biffée dans la case pour lire verticalement le nom de celui qui a dit : « Pisser, c'est la jouissance du chaste. »

1.	P L A T I N E	☐
2.	O T A R I E S	☐
3.	M O U T A R D	☐
4.	F O I R A N T	☐
5.	P O S T I E R	☐
6.	R A J O U T S	☐
7.	T O R I Q U E	☐
8.	G A U C H E R	☐
9.	C H A V I R E	☐
10.	D I E S A N T	☐
11.	P L A I N T E	☐

PASSE-TEMPS

271

Reliez les points de 1 à 19 pour découvrir un élément (central !) de la vie quotidienne. N'hésitez pas à faire parler votre créativité en dessinant des accessoires !

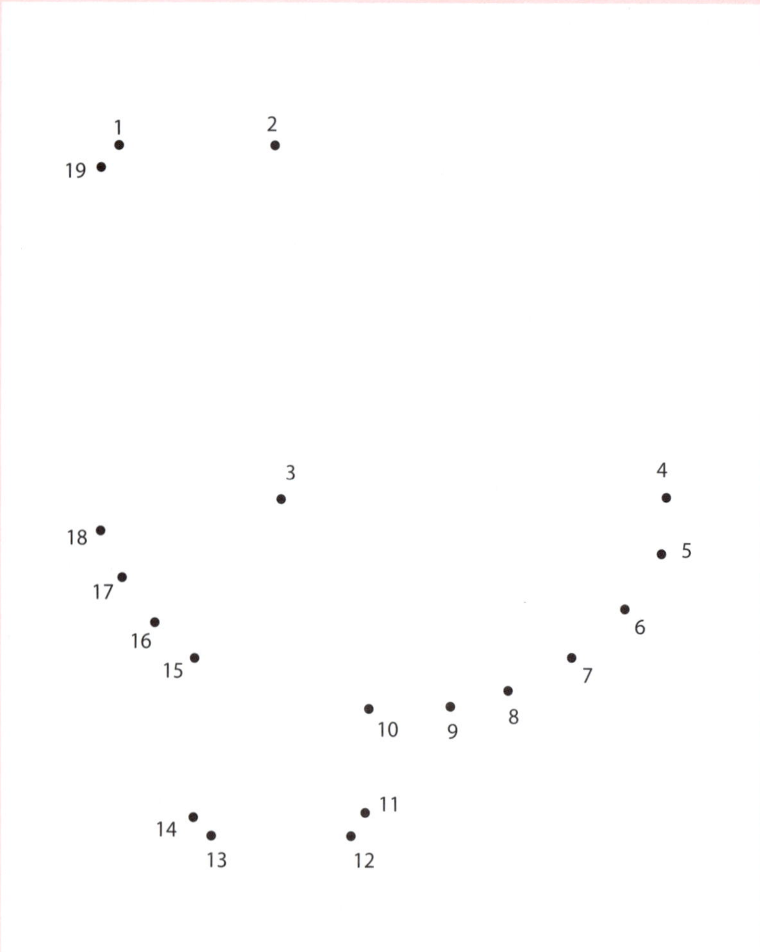

270

CRYPTOGRILLE

Cette grille cache un dessin. Les chiffres indiquent, dans l'ordre, la taille des blocs de cases noires sur la ligne ou la colonne correspondante. Deux blocs ne peuvent se toucher et sont donc séparés par au moins une case blanche. Une seule répartition est possible pour aboutir au dessin final. Quel sport dont le nom s'écrit en dix lettres, toutes différentes, est évoqué ?

						4									
					1	1	1	2							
	2	7		1	2	1	3	4	7	1	4		1	1	1
1	1	2	2	2	1	2	1	1	2	5	1	1	2	2	5
1	1	1	7	5	1	1	1	1	1	1	5	5	1	1	1

1	2	2	1
3	1	2	1
5	1	1	1
		1	6
		1	2
1	1	2	5
	1	1	4
2	1	1	1
2	2	1	2
	2	2	3
		13	1
2	1	2	1
		2	2
		2	2
			16

OBJECTIF 65

Atteignez la somme de 65 dans toutes les directions (horizontalement, verticalement et dans les deux grandes diagonales) en remplissant les cases vides par les chiffres de 1 à 25 ne figurant pas encore dans ce carré magique.

6	23		16	
	9			5
	12	13	14	
2		4	17	
	3			

LE TRÔNE

Je suis né le 26 octobre 1919 à Téhéran
et mort le 27 juillet 1980 au Caire.

Durant les années 1960 et 1970, la politique que j'ai menée dans mon pays a permis une croissance économique très forte.

Mon régime est cependant jugé brutal par la population ; suite au Vendredi noir du 8 septembre 1978, durant lequel une protestation massive a dégénéré et causé de nombreux morts civils, je perds l'estime de mon peuple.

Dernier chah d'Iran, je règne de 1941 à 1979, année durant laquelle je suis contraint à l'exil, renversé par la révolution iranienne ; je n'ai jamais abdiqué officiellement.

Qui suis-je ?

SANDWICH

Complétez les mots horizontaux de six lettres. Plusieurs possibilités s'offrent parfois à vous mais une seule vous permettra de trouver l'expression argotique signifiant « déféquer ».

S	A		R	A	N
I	S		T	I	S
P	O		V	R	E
A	C		E	T	E
S	U		U	R	S
D	O		M	I	R
E	T		N	N	E
P	A		T	I	N
O	F		E	R	T
T	A		Q	U	E
P	R		C	I	S
A	B		I	T	E
S	A		Y	R	E
D	E		O	R	S
E	G		R	G	E
P	O		M	E	S
O	P		L	I	N
T	A		S	E	R

ANASTARS

Vous devez retrouver le titre d'une chanson de 1981 et le nom de son interprète, dissimulés derrière deux anagrammes fantaisistes. Aidez-vous des tirets pour reconstituer les mots cherchés.

PARIS ROUPILLE

_ _ _ _ _ _ _ _ _ _ _ _ _ _ _

BERNARD L'HÉTÉRO

_ _ _ _ _ _ _ _ _ _ _ _ _ _ _ _

SUDOKU

265

Utilisez une seule fois chacun des chiffres de 1 à 9 dans chaque ligne, chaque colonne et chaque zone aux contours noircis.

2		4	7					
	9			5	1		4	
						3		1
	6			1	8	5		
		8	9	6			1	
6		1						
	7		6	4			8	
					5	9		4

264

DIFFÉRENCES

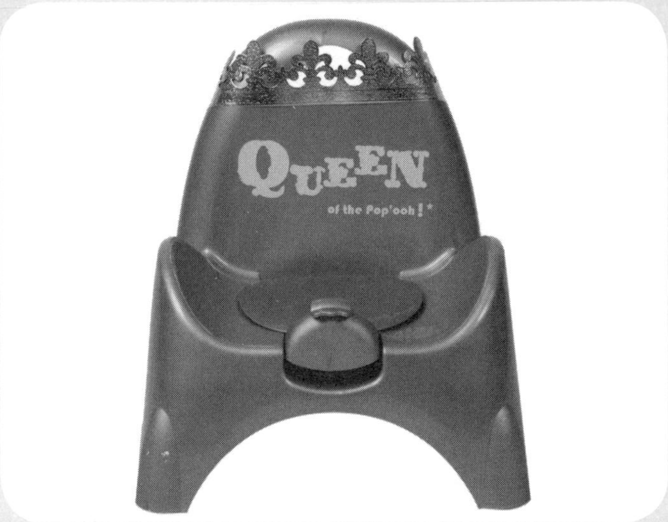

Trouvez cinq différences entre ces deux photos.

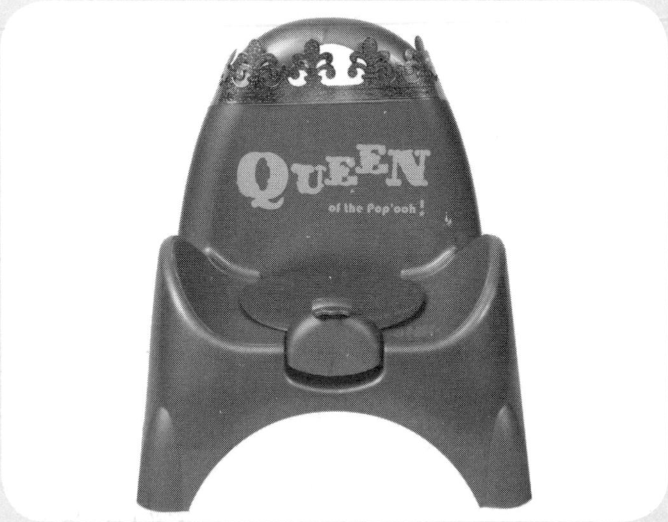

CHARADE

Mon premier est le contraire de vraie.

Mon second est une espèce de champignon.

Mon troisième est un insecte parasite
qui s'accroche à un animal et se gorge de sang.

Mon tout est une grosse cuve de récupération
des eaux-vannes.

QUÈSACO

Quelle expression est suggérée dans le cadre ci-dessous ?

IÉNA

OURASI

WATERLOO

Petit coin malin

En mettant les mots dans le bon ordre, retrouvez cette citation de l'écrivaine française Colette (la ponctuation et les majuscules sont des aides).

debout tous faire
La de femme
est capable de
exercices mur. de
l'homme un sauf
pipi les contre

260

BÉGAIEMENTS

Tous les mots à trouver contiennent un « bégaiement », c'est-à-dire la répétition d'une même séquence auditive comme dans les mots « entêté », « millilitre » ou « balalaïka ».
Chercher est maintenant votre tâche.

1. Maman attend celui du nourrisson après son biberon.

2. Ce sandwich italien a le même nom qu'une maison d'édition spécialiste en vignettes.

3. Cette onomatopée indique mépris et incrédulité face à une affirmation.

4. Cette stratégie de reproduction indique que les œufs éclosent dans le ventre de la femelle.

5. Ce nom de singe est souvent évoqué devant l'appareil photo.

CRYPTOS RIGOLOS

À l'aide du tableau d'équivalence, complétez cette phrase de l'écrivain et dessinateur français Roland Topor :
« Il se fabrique autant d'excréments dans les circonvolutions cérébrales que dans les intestinales... »

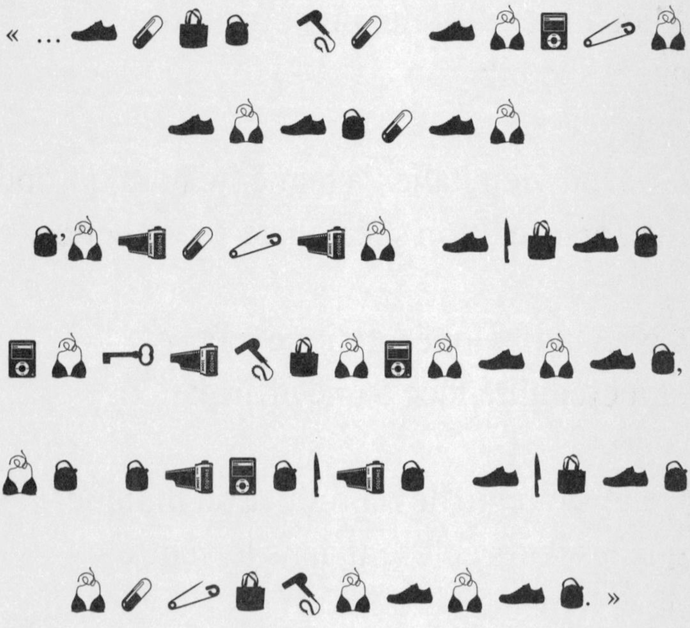

a	*c*	*e*	*g*	*i*	*k*	*m*	*o*	*q*	*s*	*u*	*w*	*y*
b	*d*	*f*	*h*	*j*	*l*	*n*	*p*	*r*	*t*	*v*	*x*	*z*

258

PASSE-TEMPS

Combien de fois apparaît le mot « WC » sur les panneaux ?

WC	WO	WC	WC	WC	WO	WC	WC	WC	WC
WC	WC	WC	WC	WC	WC	WC	WC	WC	WC
WC	WO	WC	WC	WC	WO	WC	WC	WC	WC
WC	WC	WC	WO	WC	WC	WC	WC	WC	WO
WC	WO	WC	WC	WC	WO	WC	WC	WC	WC
WC	WC	WC	WC	WC	WC	WC	WC	WC	WC
WC	WO	WC	WC	WC	WO	WC	WC	WC	WC
WC	WC	WC	WO	WC	WC	WC	WC	WC	WO

Pourquoi les pays et principautés bordant la France sont-ils AIMABLES ?

256

LE LIEN

Ces mots n'ont apparemment guère de rapport entre eux. Toutefois, un lien invisible les unit, *via* des mots composés, des expressions familières, des insertions ou des rallonges. Trouvez ce lien.

CHEVAL
MASQUE
ROUGE
LANCE
CROIX
FIL

LOGIQUE

255

Quand elle va aux toilettes, Carole utilise
cinquante feuilles de papier…
Odette en prend onze, Viviane en a besoin
de vingt et une et Helmut se contente de huit.

Combien de feuilles utilisera Sophie ?

CHANSON À TROUS

Utilisez toutes les lettres ci-dessous pour former six mots extraits de *Je fume pour oublier que tu bois* d'Alain Bashung.

Pour les trois premiers mots :

A C E E F H I O R R R T U

Pour les trois suivants :

A A C D E E H I O P S S S T U U

« C'est pas facile, facile de se _ _ _ _ _ _

en l'_ _ _

Ça coûte, ça coûte, ça coûte très _ _ _ _

Je vais me faire la _ _ _ _, je vais me tirer

la _ _ _ _ _ _ d'eau

Dans les W.-C. de mon petit _ _ _ _ _ _ »

Les initiales des mots à trouver sont dans l'ordre : F, A, C, P, C et S.

DIFFÉRENCES

Trouvez six différences entre ces deux photos.

252

SUDOKU

Utilisez une seule fois chacun des chiffres de 1 à 9 dans chaque ligne, chaque colonne et chaque zone aux contours noircis.

	2	7	6				4	
	5		2		1			
						6		
		8	5				6	
1			7	6	4			2
	6				3	7		
		5						
			8		6		5	
	8				2	9	7	

LE TRÔNE

Je suis né le 18 août 1830
et mort le 21 novembre 1916, à Vienne.

J'ai pour devise *Viribus unitis*,
« avec nos forces unies ».

Mon épouse est Élisabeth Amélie Eugénie
de Wittelsbach, plus connue
sous le surnom de Sissi.

En 1914, j'attaque la Serbie suite à l'assassinat
de l'archiduc François-Ferdinand d'Autriche
et déclenche la Première Guerre mondiale.

Issu de la maison de Habsbourg-Lorraine,
je suis empereur d'Autriche de 1848 à ma mort
et roi de Hongrie à partir de 1867.

Qui suis-je ?

250

MÉTAMORPHOSE

Rien ne se perd, tout se transforme.

Trouvez deux mots de sept lettres dont la seule différence réside dans la lettre centrale, un C pour l'un et un L pour l'autre.

Passer de l'un à l'autre transforme une impression de bien-être en une sensation beaucoup moins agréable.

En quoi consiste cette métamorphose ?

CHARADE

Mon premier est le féminin de « le ». la

Mon second est un rangement selon certains critères. tri

Mon troisième permet de maintenir deux lacets ensemble. noeud

Mon tout est un lieu d'aisance... spartiate !

248

LOGIQUE

Quel chiffre doit être inscrit à l'extérieur de ce carré ?

20	24	20	16	
«	*	«	«	27
§	*	§	&	13
#	*	§	«	21
#	*	«	&	?

CRYPTOGRILLE

Cette grille cache un dessin. Les chiffres indiquent, dans l'ordre, la taille des blocs de cases noires sur la ligne ou la colonne correspondante. Deux blocs ne peuvent se toucher et sont donc séparés par au moins une case blanche. Une seule répartition est possible pour aboutir au dessin final. Que voyez-vous ?

Colonnes (de gauche à droite, chiffres de haut en bas) :

4	8	2 3	5 1	9 5 1	2 1 1 5	2 1 1 1 1 3	2 3 1 1 1 3	1 1 1 1 2 3 4	2 1 1 2 1 4	2 2 2 3 5	17	6	6

Lignes (de haut en bas, chiffres de gauche à droite) :

1	3
2	2 1
3	2 1
4	2 1 2
5	1 1 1 1
6	1 3 2
7	2 1 2
8	1 1 1
9	1 1 3
10	1 1 2
11	1 1 2 1
12	1 1 1 3 1
13	3 1 2 1
14	1 1 2 4
15	1 2 2 3
16	2 2 1 1 4
17	2 2 1 4
18	2 2 5
19	3 2 5
20	2 7
21	8
22	3

246

ALPHAKU

Utilisez une seule fois dans chaque ligne, chaque colonne et chaque zone chacune des neuf lettres constituant cet alphaku. La grille vous révélera un mot inventé devenu célèbre.

	D		R	B	A			
	U							
E	A	V						
A			T				V	
		I		U		D		
	E				B			I
						R	I	T
							D	
			U	R	D		A	

DICTIONNAIRE

Pour ce jeu collectif, reportez-vous à la page 4 pour plus d'indications.

Le metteur en scène de théâtre et d'opéra italien Giorgio Strehler est entouré dans le dictionnaire de deux stars américaines.

Qui sont-elles ?

244

PASSE-TEMPS

Vous trouvez le temps long ?

Combien dénombrez-vous de pictogrammes sur fond blanc ?

PLAYLIST

Début 2013, l'Union européenne compte vingt-sept états membres. Citez-en les capitales. Chaque joueur a droit à vingt-sept propositions, celui qui a trouvé le plus de capitales figurant dans la liste donnée en solution remporte le jeu.
Vous pouvez adopter une règle différente : un nom dans la liste rapporte un point, un nom qui n'y est pas ou est incorrect fait perdre un point ; le jeu devient plus stratégique…

1. ____________________
2. ____________________
3. ____________________
4. ____________________
5. ____________________
6. ____________________
7. ____________________
8. ____________________
9. ____________________
10. ____________________
11. ____________________
12. ____________________
13. ____________________
14. ____________________
15. ____________________
16. ____________________
17. ____________________
18. ____________________
19. ____________________
20. ____________________
21. ____________________
22. ____________________
23. ____________________
24. ____________________
25. ____________________
26. ____________________
27. ____________________

ORIENTATION

Toutes ces figures sont identiques sauf une. Laquelle ?

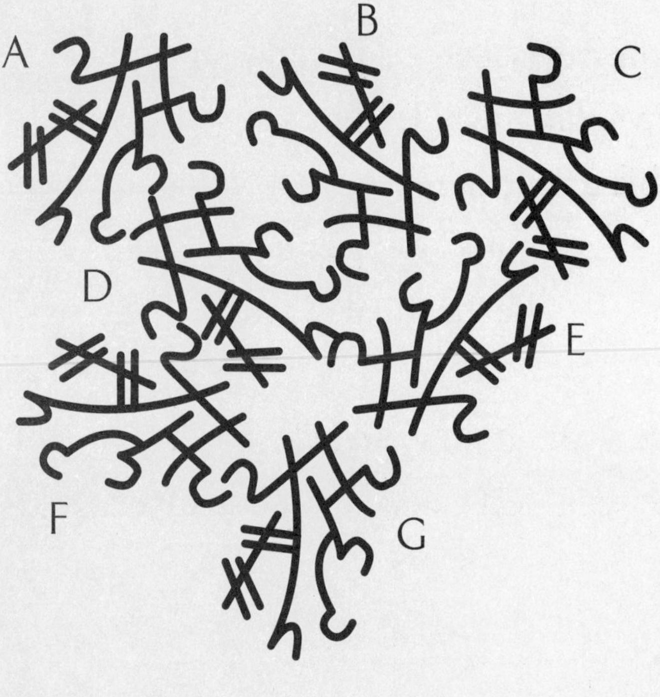

REMUE-MÉNINGES

Pour ce jeu collectif, reportez-vous à la page 4 pour plus d'indications.

Un gréviste était à l'origine quelqu'un qui voulait travailler, alors que maintenant, il refuse de le faire (souvent temporairement pour améliorer ses conditions de travail, d'ailleurs).

Savez-vous d'où vient ce terme et pourquoi le sens s'est en quelque sorte inversé ?

DIFFÉRENCES

Trouvez cinq différences entre ces deux photos.

BALANCES

239

Les deux premières balances sont équilibrées.
Combien faut-il déposer de triangles sur le plateau droit de la troisième pour obtenir le même résultat ?

PETIT COIN MALIN

En mettant les mots dans le bon ordre, retrouvez cette remarque de l'écrivain et dessinateur humoristique français François Cavanna, extraite de Le saviez-vous ? (la ponctuation et les majuscules sont des aides).

l'envie à seul la
qu'on ne puisse
oublier c'est Le
pisser. se boisson,
pas tourment de
en livrant

CURIOSITÉ

Cinq chimistes travaillant chez DuPont de Nemours ont participé à la découverte du $C_{12}H_{22}N_2O_2$.

Leurs épouses respectives Olivia, Nancy, Louella, Nina et Yvonne furent fières de leur succès. Quel est le nom de la matière correspondant à cette formule chimique ?

LE TRÔNE

Je suis née le 16 avril 1940, à Copenhague.

Je monte sur le trône en 1972 et devient ainsi commandant en chef de l'armée de mon pays ; dans l'armée britannique, je suis également colonel à titre honoraire du régiment de la reine et du régiment royal de la princesse de Galles.

En 1981, j'ai traduit en danois *Tous les hommes sont mortels* de Simone de Beauvoir avec l'aide de mon époux.

Actuelle reine de Danemark, je suis, parmi les souverains européens, la seule à accorder régulièrement des audiences publiques.

Qui suis-je ?

LOGIQUE

Quel chiffre complète logiquement le carré ?

9	7	2	8
6	3	0	5
2	1	6	8
5	4	5	?

234

SANDWICH

Complétez les mots horizontaux de six lettres. Plusieurs possibilités s'offrent parfois à vous mais une seule vous permettra de trouver l'expression argotique signifiant « avoir la diarrhée ».

S	I		H	O	N
E	M		C	H	E
M	A		C	H	E
O	N		U	L	E
N	O		M	A	L
T	I		D	I	R
R	O		A	C	E
E	J		C	T	E
R	A		A	N	T
C	O		L	E	R
O	P		R	A	S
U	R		E	N	T
L	O		C	H	E
A	I		A	N	T
N	I		C	E	S
T	I		A	N	E

QUÈSACO

Quelle expression est suggérée dans le cadre ci-dessous ?

A rOse

232

CRESCENDO

Ajoutez une à une les lettres proposées pour découvrir un nouveau mot à chaque ligne. Vous devrez conjuguer à deux occasions. Respectez la position du R déjà placé.

C O R

+ T = _ _ _ _

+ N = _ _ _ _ _

+ I = _ _ _ _ _ _

+ I = _ _ _ _ _ _ _

+ F = _ _ _ _ _ _ _ _

+ A = _ _ _ _ _ _ _ _ _

+ N = _ _ _ R _ _ _ _ _ _

+ O = _ _ _ _ _ _ _ _ _ _ _

+ M = _ _ _ _ _ _ _ _ _ _ _ _

ANASTARS

Vous devez retrouver le titre d'une chanson composée juste avant 1970 et le nom de son interprète, dissimulés derrière deux anagrammes fantaisistes. Aidez-vous des tirets pour reconstituer les mots cherchés.

MUSCLÉ ? MON ŒIL !

_ _ _ _ _ _ _ _ _ _ _ _ _ _

LE GAMIN FICHU

_ _ _ _ _ _ _ _ _ _ _ _ _

230 CUBES... ESSAIS

Les lettres Q, B et C ont été inscrites chacune deux fois sur les faces d'un cube. Observez le dé développé et les quatre vues.
Laquelle ne peut pas provenir du dé développé ?

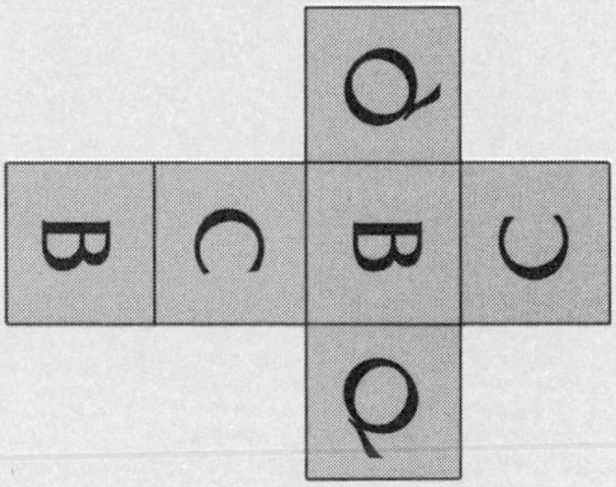

A B C D

229

MÉLI-MÉLO

Retrouvez les noms de famille de trois chanteuses en langue anglaise. Pour chacune, l'initiale figure sur le premier panneau, la deuxième lettre sur le deuxième panneau, et ainsi de suite. Toutes les lettres doivent être utilisées.

G H K

N A O

O U R

L W S

L T A

O E N

D S N

____

____

____

228

CHARADE

Mon premier est la quinzième
lettre de l'alphabet.

O

Déjà

Mon second est le contraire de « pas encore ».

Mon troisième est la vingt-deuxième
lettre de l'alphabet.

V

elle

Mon quatrième est le féminin de « il ».

Mon tout sert à nettoyer et à désinfecter
les toilettes sales.

ea de Javel

QUÈSACO

Quelle expression est suggérée ci-dessous ?

REINETTE
GOLDEN
RAMBOUR
BOSKOOP
REINETTE
GRANNY

226

LE LIEN

Ces mots n'ont apparemment guère de rapport entre eux. Toutefois, un lien invisible les unit, *via* des mots composés, des expressions familières, des insertions ou des rallonges. Trouvez ce lien.

OREILLE
TROU
CANON
BAIN
CŒUR
MÉTRO

CRYPTOGRILLE

Cette grille cache un dessin. Les chiffres indiquent, dans l'ordre, la taille des blocs de cases noires sur la ligne ou la colonne correspondante. Deux blocs ne peuvent se toucher et sont donc séparés par au moins une case blanche. Une seule répartition est possible pour aboutir au dessin final.
Quel art non violent en quatre lettres est ici évoqué ?

Colonnes :

			1	3	1						
			2	1	1						
3	2	2	1	1	9						
2	2	2	2	3	3	12	3	2	3	3	
1	1	1	1	1	2	4	1	1	1	1	3

Lignes :

	1	3
1	2	1
	2	3
	2	1
1	2	1
	2	4
	2	2
		5
		2
		2
		2
		3
	1	1
	2	2
	2	2
	3	1
	1	2
	2	1
	1	2
	2	1
		12

SUBSTITUTION

Observez les mots suivants et repérez une lettre qui leur est commune. Trouvez ensuite quelle lettre substituer à celle-ci pour former de nouveaux mots.

GARAGE

RESTE

CHER

RUT

SURETTE

RÉBUS

PASSE-TEMPS

Par où passent les aliments avalés ? Tracez leur parcours dans le système digestif...

222

LE TRÔNE

Je suis connu pour avoir prolongé avec succès les conquêtes débutées par mon père Nabopolassar au nom de l'Empire néo-babylonien ; j'ai notamment fait la conquête du royaume de Juda à la suite du siège de Jérusalem, en 586 av. J.-C.

J'ai fait construire de nombreux monuments dans Babylone ; ses jardins suspendus mythiques, créés pour mon épouse Amytis, sont considérés comme une des sept merveilles du monde antique.

Roi de Babylone de 605 à 562 av. J.-C., j'ai inspiré le personnage d'un opéra de Giuseppe Verdi et mon nom fait également référence à une bouteille de champagne de quinze litres.

Qui suis-je ?

ENTRE DEUX MOTS 221

Trouvez les éléments suivants, sachant que les mots cherchés sont tous entre TITILLER et TOUCHE-PIPI dans l'ordre alphabétique (noms communs ou noms propres).

1. Un alcool de mauvaise qualité
2. Deux fruits et légumes
3. Au moins deux animaux
4. Une ville de Libye accessible en taxi
5. Un palais d'Istanbul
6. Une capitale du monde
7. L'écrivain britannique d'une trilogie
8. L'auteur de *Guerre et Paix*
9. Un inquisiteur espagnol
10. Un dessinateur français d'origine polonaise

220

DICTIONNAIRE

Pour ce jeu collectif, reportez-vous à la page 4 pour plus d'indications.

Dans la partie noms propres du dictionnaire, la ville d'Équeurdreville-Hainneville, qui compte presque autant de lettres que d'habitants, est entourée par deux noms commençant eux aussi par les deux lettres EQ.

Quels sont-ils ?

ROSACE

Remplissez la fleur en formant des mots à partir de ces séries de lettres. Écrivez-les de l'extérieur de la rosace vers le centre, comme dans les exemples. Attention aux anagrammes, il n'y a qu'une seule façon de compléter la grille en croisant les mots. Parcourez ensuite les cases plus foncées dans le sens des aiguilles d'une montre : vous découvrirez un moyen de transport.

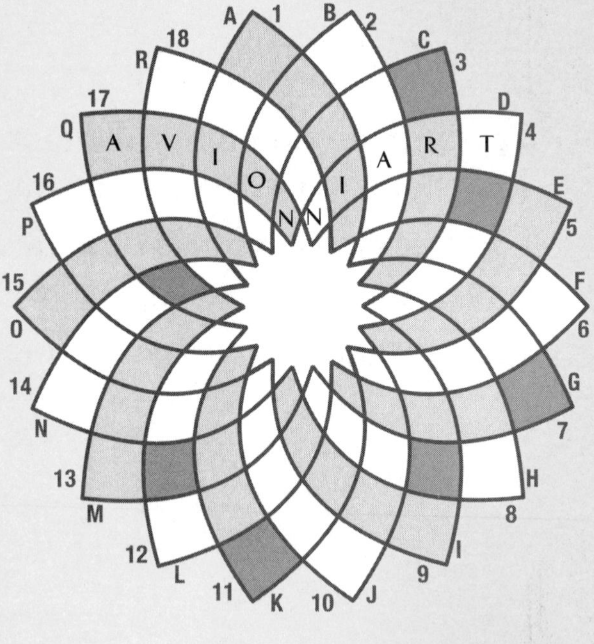

A. AIRSS	G. ACLNS	M. EEETT	1. AEINR	7. CEHIN	13. DEELU
B. AEIRT	H. AANTY	N. EIRSS	2. IORST	8. AELOS	14. APSTU
C. BEEMR	I. CEIRU	O. ADEMR	3. BINOS	9. ACNSY	15. DEEIS
D. EINST	J. ADGOU	P. EEFIS	4. AINRT	10. AGNOU	16. AEFRT
E. EFIOS	K. CEOPU	Q. AINOV	5. EFIRS	11. CINOS	17. AEEIM
F. HNOOP	L. CELSU	R. INNOU	6. EEMOP	12. CORTU	18. EESUV

218

COLLAGE

Dix mots relatifs au voyage ont été découpés en tranches. Reconstituez-les à partir des lettres ci-dessous.

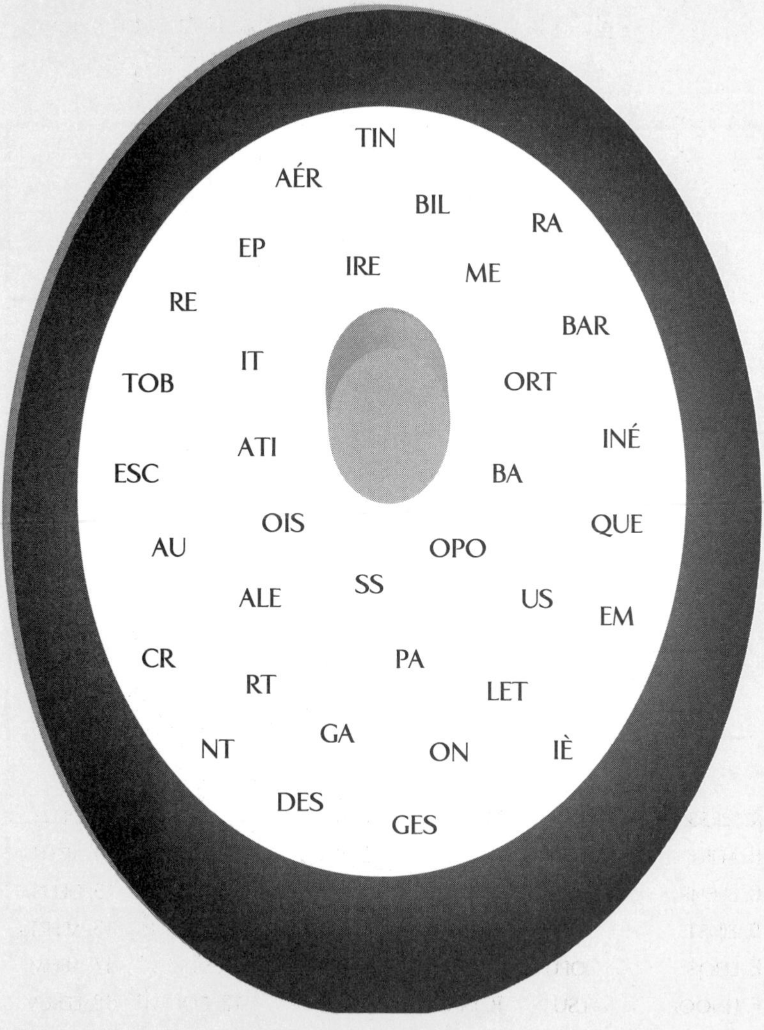

Sudoku

Utilisez une seule fois chacun des chiffres de 1 à 9 dans chaque ligne, chaque colonne et chaque zone aux contours noircis.

			8			5		
		1	5	2				
	8	3			9		7	
	9				6			3
	1						9	
6			1				2	
	2		7			1	5	
				4	2	3		
		4			5			

DIFFÉRENCES

Trouvez cinq différences entre ces deux photos.

DÉCOMPOSITION

Pisser, c'est aussi poser un atout plus faible que celui déjà joué aux cartes. Utilisez une seule fois chacune des treize lettres de UN ATOUT FAIBLE pour former des couples de mots répondant aux définitions ci-dessous (entre parenthèses le nombre de lettres du mot cherché) :

U N A T O U T F A I B L E

1. Islamiste afghan (7) _ _ _ _ _ _ _
   Plus bonne à rien (6) _ _ _ _ _ _

2. Traitant avec dérision (8) _ _ _ _ _ _ _ _
   Plaque sur le toit (5) _ _ _ _ _

3. Descendu (6) _ _ _ _ _ _
   Plante potagère au goût anisé (7) _ _ _ _ _ _ _

4. Lavage (8) _ _ _ _ _ _ _ _
   Erreur (5) _ _ _ _ _

5. Homoncule (5) _ _ _ _ _
   Chaise confortable (8) _ _ _ _ _ _ _ _

214

REMUE-MÉNINGES

Pour ce jeu collectif, reportez-vous à la page 4 pour plus d'indications.

Comment expliquer que le verbe glander signifie ne rien faire ? Quelle origine a cette expression ? S'agit-il d'un dérivé :

de gland, fruit du chêne ?

de glande et d'hormones ?

d'Eugénie Grandet ?

PETIT COIN MALIN

213

En mettant les mots dans le bon ordre, retrouvez cette citation de l'humoriste français Gustave Parking (la ponctuation et les majuscules sont des aides).

participer
politique pisser.
mieux qu'être
vaut En il parti

212

CHARADE

Mon premier est une matière utilisée
pour faire du feu.

Mon second est un animal aquatique plat
aux larges nageoires.

Mon troisième est le présent du verbe
« mentir » à la troisième personne du singulier.

Mon quatrième est la septième
lettre de l'alphabet.

Mon tout désigne les deux actions
qui enclenchent le besoin d'aller aux toilettes.

OBJECTIF 65

Atteignez la somme de 65 dans toutes les directions (horizontalement, verticalement et dans les deux grandes diagonales) en remplissant les cases vides par les chiffres de 1 à 25 ne figurant pas encore dans ce carré magique.

	11		17	8
19		3		
		16	9	2
6	4			
		10		14

210 CRESCENDO

Ajoutez une à une les lettres proposées pour découvrir un nouveau mot à chaque ligne. Respectez la position du E déjà placé.

É P I

+ U = _ _ _ _

+ L = _ _ _ _ _

+ L = _ _ _ _ _ _

+ R = _ _ _ _ _ E _

+ O = _ _ _ _ _ _ _ _

+ E = _ _ _ _ _ _ _ _ _

+ D = _ _ _ _ _ _ _ _ _ _

+ G = _ _ _ _ _ _ _ _ _ _ _

Coupe-lettre

Biffez une lettre sur chaque ligne pour donner naissance à un mot de six lettres, sans changer l'ordre de celles-ci. Reportez la lettre biffée dans la case pour lire verticalement le nom de celui qui a dit :
« Le comble du racisme ? Pisser sur Jacob sans pisser sur Delafon. »

1.	JOINDRE	J
2.	REPOLIS	O
3.	SECHOIR	S
4.	MOREAUX	E
5.	OISEAUX	A
6.	REPANDU	R
7.	STIMULE	T
8.	ROUMAIN	U
9.	ABROUTI	R

208 CRYPTOS RIGOLOS

À l'aide du tableau d'équivalence, complétez cette phrase extraite du sketch « Médecins sans diplôme de Coluche » : « Les psychiatres, c'est très efficace. Moi, avant, je pissais au lit, j'avais honte... »

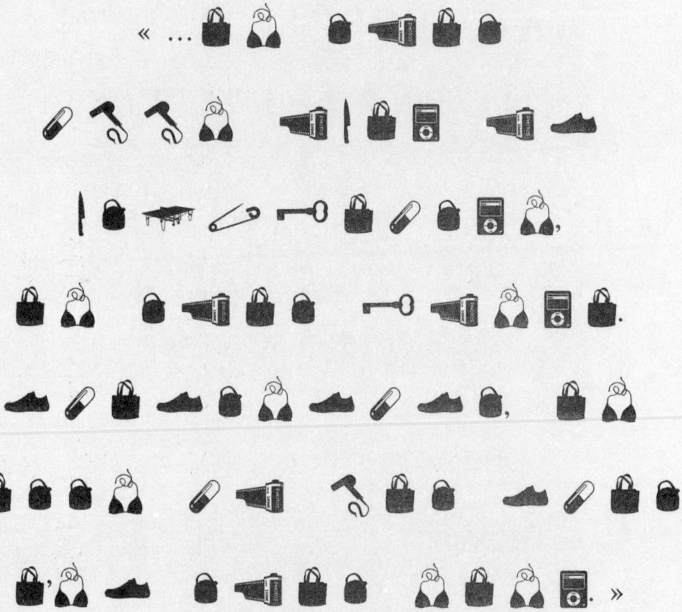

a	*c*	*e*	*g*	*i*	*k*	*m*	*o*	*q*	*s*	*u*	*w*	*y*
b	*d*	*f*	*h*	*j*	*l*	*n*	*p*	*r*	*t*	*v*	*x*	*z*

CHANSON À TROUS

207

Utilisez toutes les lettres ci-dessous pour former quatre mots extraits de la chanson *La Médaille* de Renaud.

A A C C E E E E E E E I I L L N N

N N O P R R S S S T T T U U

« Un enfant est venu aux pieds de la _ _ _ _ _ _

Du maréchal de France

Une envie _ _ _ _ _ _ _ _ _

l'a fait _ _ _ _ _ _ contre elle

Mais en toute _ _ _ _ _ _ _ _ _ »

Les initiales des mots à trouver sont dans l'ordre : S, N, P et I.

LOGIQUE

Quel chiffre complète logiquement le rectangle ?

9	7	5	8	8	4
6	3	4	0	3	2
1	2	4	8	5	4
3	4	6	?	6	9

LE TRÔNE

Je suis née le 25 janvier 1978 à Bulawayo (Zimbabwe) mais émigre en Afrique du Sud en 1990.

Je suis une ancienne championne de natation ; après avoir participé aux Jeux olympiques de Sydney en 2000, à la Coupe du monde de natation et aux jeux du Commonwealth de Manchester en 2002, j'arrête la compétition en 2007, bien que qualifiée pour les Jeux olympiques de Pékin.

Je rencontre le Prince Albert de Monaco en 2000 au Meeting international de natation de Monaco.

Par mon mariage avec lui en juillet 2011, je deviens princesse consort de Monaco.

Qui suis-je ?

204

MÉTAMORPHOSE

Rien ne se perd, tout se transforme.

Trouvez le nom d'une femelle d'animal et ajoutez-y un T pour former, sans rien mélanger, le nom d'un poisson.

En ajoutant un H aux lettres de la femelle de départ et en mélangeant cette fois, vous trouverez une star sur un plateau.

Quelles métamorphoses avez-vous réussies ?

CHARADE

Mon premier est le contraire de mince. GROS

Mon second précède le chiffre deux. UN

Mon troisième est une rubrique de magazine qui aide le lecteur à savoir qui il est par le biais de questions. TEST

Mon quatrième est identique à mon deuxième. UN

Mon tout se situe au bout de l'appareil digestif.

Gros intestin

PASSE-TEMPS

Ces étrons manquent de charisme, dessinez-leur un beau visage !

CRYPTOGRILLE

Cette grille cache un dessin. Les chiffres indiquent, dans l'ordre, la taille des blocs de cases noires sur la ligne ou la colonne correspondante. Deux blocs ne peuvent se toucher et sont donc séparés par au moins une case blanche. Une seule répartition est possible pour aboutir au dessin final. Quel sport à l'honneur dans un film de 2012 avec Catherine Frot est évoqué ?

					1	5								
	1				3	1	1	5						
	1			5	2	1	2	1	1					
5	1	5		1	1	3	1	1	1			5		5
2	2	1	1	5	1	1	1	3	2	3	1	1	2	2
2	2	2	1	1	1	1	1	1	1	1	1	2	2	2
9	6	3	4	2	1	1	1	2	5	5	1	3	6	9

3 3 1 1 1
1 1 1 1 1 1 1
3 1 1 1 1 1 1
1 1 1 1 1 1 1 1
3 3 5 1
1
15
2 2
7
3 2 1 2 3
3 1 1 1 1 3
1 1 1 1
2 7 2
4 4
3 3 3
3 1 2 3
2 1 1 1 2
2 1 1 1 1 2
1 1 1 1
1 2 2 1
1 5 1

200

MOTOCROTTE

Sachant que chaque chiffre en tête de ligne ou de colonne indique le nombre de crottes qui s'y trouvent, localisez et représentez par des cercles les déjections laissées par les vingt-sept chiens de la grille pour permettre à la motocrotte automatisée de terminer son travail rapidement.

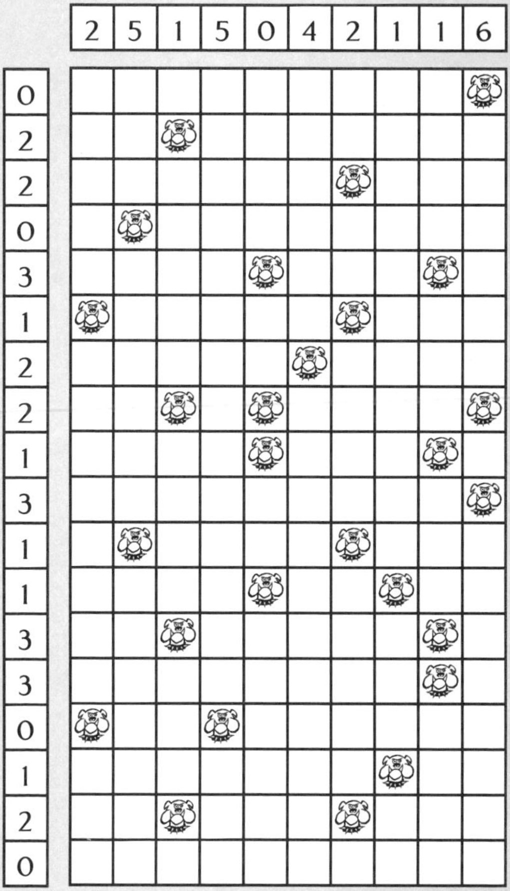

ÉTOILE

Chaque définition indique le point de départ et le point d'arrivée du mot à trouver. Remplissez la grille-étoile, puis réarrangez les lettres grisées dans l'espace réponse pour lire un mot qui contient, dans l'ordre, les cinq lettres de PROUT.

1-5. Unité de compte pour les années des coquettes. **1-8.** Triangle du bas-ventre. **2-10.** Demeure de glace. **3-30.** Changement de langue. **4-13.** Épouse étroitement les contours. **5-15.** Liquides rouges pour frères. **6-7.** Plafond pour lit. **8-15.** Conservées dans une eau très salée. **9-20.** Digne d'Harpagon. **11-22.** Unité de longueur internationale. **12-23.** Opposés au progrès. **14-21.** Phase de développement rapide. **16-29.** Bouteille de champagne de douze litres et Roi mage. **17-31.** Animaux réputés pour leur lenteur. **18-28.** Taxe à payer par le téléspectateur. **19-32.** Période d'attente pour future maman. **24-25.** Mieux traitée que la concurrence. **26-27.** Gâteau fait de pâte à crêpe.

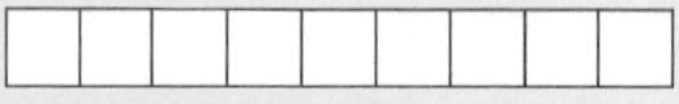

198

ANAPHRASE

Les mots suivants n'ont qu'une anagramme connue, notez-la à droite. Les initiales des mots trouvés formeront verticalement un dixième mot qui, à son tour, n'a qu'une anagramme. Ces deux mots permettent de compléter la phrase :

« Ce contrat qui me rend

_ _ _ _ _ _ _ _ _ _ _ _ à merci serait

_ _ _ _ _ _ _ _ _ _ _ _ selon mon avocat. »

1. ASSOCIANT _ _ _ _ _ _ _ _ _ _
2. POLYAMIDE _ _ _ _ _ _ _ _ _ _
3. URONIQUES _ _ _ _ _ _ _ _ _ _
4. CREVAILLE _ _ _ _ _ _ _ _ _ _
5. ÉPICIÈRES _ _ _ _ _ _ _ _ _ _
6. ESCRIMAIT _ _ _ _ _ _ _ _ _ _
7. CONTREBAS _ _ _ _ _ _ _ _ _ _
8. CULTIVERA _ _ _ _ _ _ _ _ _ _
9. REVENANTE _ _ _ _ _ _ _ _ _ _

BÉGAIEMENTS

Tous les mots à trouver contiennent un « bégaiement », c'est-à-dire la répétition d'une même séquence auditive comme dans les mots « entêté », « millilitre » ou « balalaïka ».
Chercher est maintenant votre tâche.

1. C'est ou ce sont des fruits exotiques.

2. Il est partisan de la dictature du prolétariat.

3. À l'origine, c'était le cheval du fleuve (du Nil, en particulier)…

4. Ce psaume d'affliction a donné son nom à une colique mortelle.

5. Ce peuple amérindien vit majoritairement dans le Mato Grosso brésilien.

196

SANDWICH

Complétez les mots horizontaux de six lettres. Plusieurs possibilités s'offrent parfois à vous mais une seule vous permettra de trouver l'expression argotique signifiant « être constipé ».

C	H		C	A	L
A	D		E	N	U
C	H		U	I	A
O	P		N	E	R
I	R		E	E	L
N	U		L	E	S
C	H		R	T	E
E	U		A	G	E
D	R		L	E	T
A	B		S	I	F
N	O		E	U	R
S	C		E	M	A
L	I		N	N	E
E	N		U	I	S
R	I		I	F	I
E	V		T	E	R
C	O		U	E	S
T	R		F	L	E
U	M		A	U	T
M	I		V	R	E

Quel nombre peut compléter
la série terminée suivante ?

0 2 5 7 8 9 ? 100

194

PASSE-TEMPS

Reliez les points de 1 à 25, puis revenez à 1, et de A à L, puis revenez à L, pour découvrir une action quotidienne bien connue !

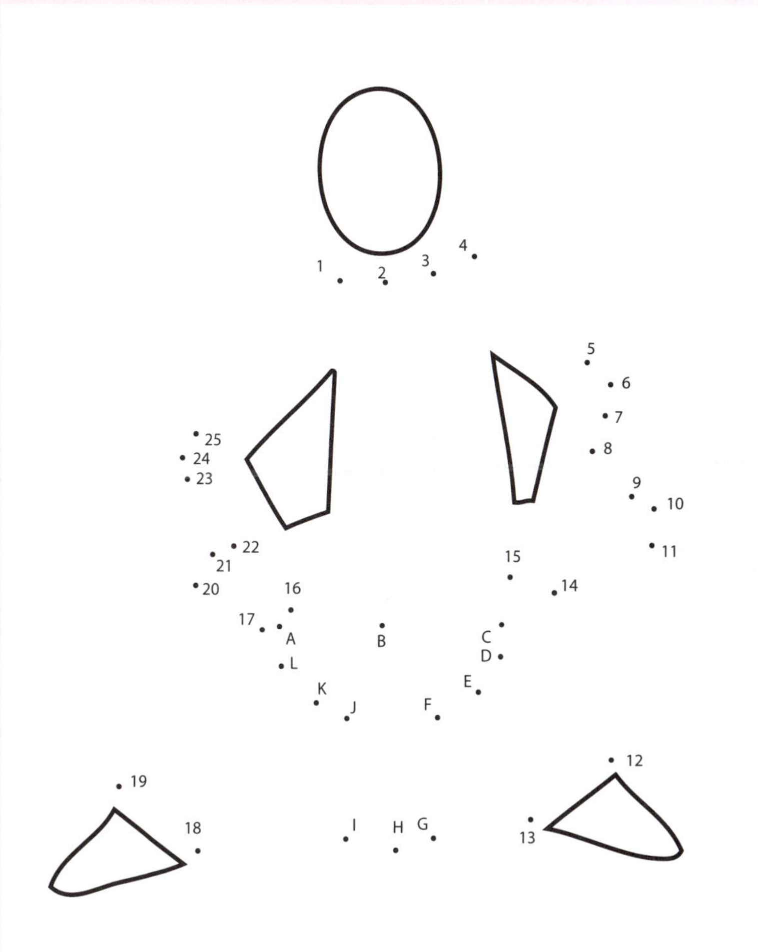

PETIT COIN MALIN

193

En mettant les mots dans le bon ordre, retrouvez cette lapalissade de l'humoriste et comédien français Pierre Dac (la ponctuation et les majuscules sont des aides).

n'en envie. sert

Rien pisser ne on

a pas de si

DIFFÉRENCES

Trouvez cinq différences entre ces deux photos.

ORIENTATION

Toutes ces figures sont identiques sauf une. Laquelle ?

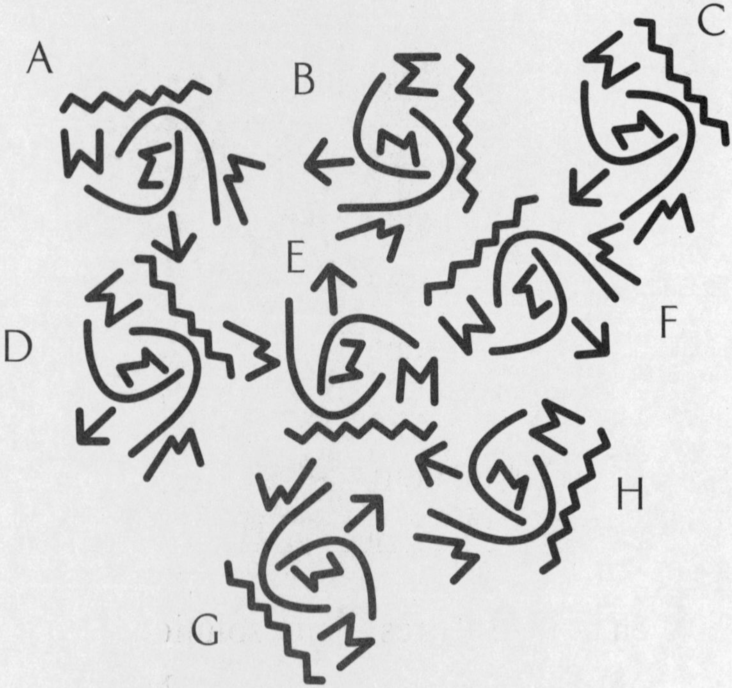

190

CURIOSITÉ

Les mots peu connus cytodiagnostic, fréquentatif, ullucu ou xénocristaux partagent une caractéristique : ce sont les plus longs qui commencent et se terminent par la lettre qui les encadre.

Saurez-vous trouver un mot qui commence et se termine par :

D en douze lettres :

D _ _ _ _ _ _ _ _ _ _ D

B en six lettres :

B _ _ _ _ B

G en sept lettres :

G _ _ _ _ _ G

H en neuf lettres :

H _ _ _ _ _ _ _ H

N en quinze lettres (deux solutions) :

N _ _ _ _ _ _ _ _ _ _ _ _ _ N

N _ _ _ _ _ _ _ _ _ _ _ _ _ N

189

ANAPHRASE

Les mots suivants n'ont qu'une anagramme connue, notez-la à droite. Les initiales des mots trouvés formeront verticalement un dixième mot qui, à son tour, n'a qu'une anagramme. Ces deux mots permettent de compléter la phrase :

« Mesdames, vous pûtes le contester hier, mais vous _ _ _ _ _ _ _ _ _ _ aujourd'hui encore au pied de l'_ _ _ _ _ _ _ _ _ _, ne le démentez pas ; on a entendu que vous demandiez "tu montes ?" plusieurs fois ! »

1. CHÉRISSE _ _ _ _ _ _ _ _ _
2. HÉMATIES _ _ _ _ _ _ _ _ _
3. ACCORNÉS _ _ _ _ _ _ _ _ _
4. FIEFFONS _ _ _ _ _ _ _ _ _
5. COUILLES _ _ _ _ _ _ _ _ _
6. ÉPICARPE _ _ _ _ _ _ _ _ _
7. PORTEURS _ _ _ _ _ _ _ _ _
8. VÉNÉRÉES _ _ _ _ _ _ _ _ _
9. CRISSAIT _ _ _ _ _ _ _ _ _

188

BALANCES

Les deux premières balances sont équilibrées.
Combien faut-il déposer de boules sur le plateau droit de la troisième pour obtenir le même résultat ?

CHARADE

Mon premier est le contraire de sur.

Mon second est la vingt-deuxième
lettre de l'alphabet.

Mon troisième complète la série de pronoms
personnels compléments « me, …, se ».

Mon quatrième est le présent du verbe
« mentir » à la troisième personne du singulier.

Mon tout est le dernier habit enlevé
avant de s'asseoir sur la cuvette.

186

ALPHAKU

Utilisez une seule fois dans chaque ligne, chaque colonne et chaque zone chacune des neuf lettres constituant cet alphaku.
La grille vous révélera un mot inventé par J. K. Rowling pour la série des *Harry Potter*.

I		X	A					
	E				X	A		O
		H	E					
C	X						P	
A		P				E		U
	U						I	C
					H	U		
E		U	X				C	
					O	I		P

QUÈSACO

Quelle expression est suggérée ci-dessous ?

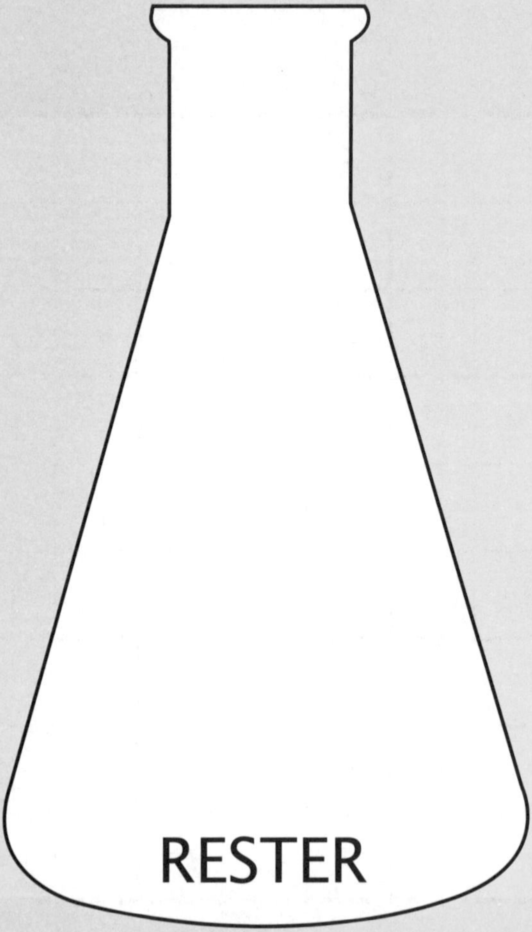

184

MOTOCROTTE

Sachant que chaque chiffre en tête de ligne ou de colonne indique le nombre de crottes qui s'y trouvent, localisez et représentez par des cercles les déjections laissées par les vingt-quatre chiens de la grille pour permettre à la motocrotte automatisée de terminer son travail rapidement.

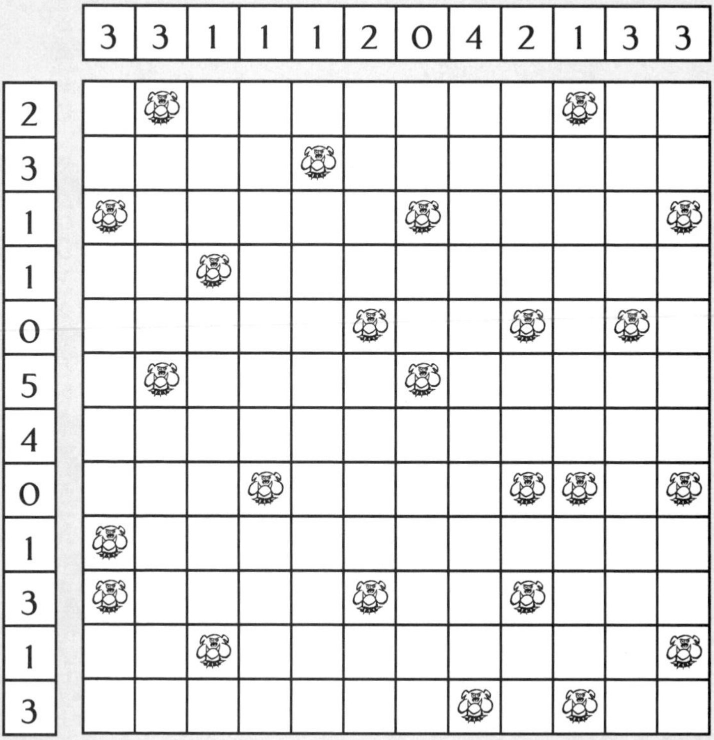

MÉLI-MÉLO

Retrouvez les noms de famille de trois chanteurs français. Pour chacun, l'initiale figure sur le premier panneau, la deuxième lettre sur le deuxième panneau, et ainsi de suite.
Toutes les lettres doivent être utilisées.

____

____

____

182

LE TRÔNE

Je suis né en 1466 et mort en 1520.

Mon nom est composé d'un adjectif signifiant « seigneur et puissant à tout jamais » et un verbe signifiant « froncer les sourcils de colère ».

J'inspire le titre d'opéras de compositeurs du XVIIIe siècle comme Antonio Vivaldi ou Josef Mysliveček.

Je suis le neuvième souverain de Mexico-Tenochtitlán ; c'est durant mon règne, de 1502 à ma mort, qu'a commencé la conquête espagnole de l'Empire aztèque.

Qui suis-je ?

REMUE-MÉNINGES

Pour ce jeu collectif, reportez-vous à la page 4 pour plus d'indications.

Vous connaissez l'adjectif « vintage »
qui désigne dans la mode un accessoire
ou un vêtement ancien datant
de l'époque où il a été créé.

Quelle est l'origine française de ce mot :
vingt ans, vingt « âge » ?
vendange ?
feintage ?

180

SUDOKU

Utilisez une seule fois chacun des chiffres de 1 à 9 dans chaque ligne, chaque colonne et chaque zone aux contours noircis.

	8			6		1		
4		7	9	5				
	5					7		2
	2	9	4					6
1					6	8	2	
5		8					6	
				4	5	2		9
		3		8			1	

CRESCENDO

Ajoutez une à une les lettres proposées pour découvrir un nouveau mot à chaque ligne. Vous devrez conjuguer à une occasion.
Les mots à astérisque sont moins connus.

L E M

+ U = _ _ _ _

+ N* = _ _ _ _ _

+ A = _ _ _ _ _ _

+ B = _ _ _ _ _ _ _

+ T = _ _ _ _ _ _ _ _

+ A = _ _ _ _ _ _ _ _ _

+ I* = _ _ _ _ _ _ _ _ _ _

+ Q = _ _ _ _ _ _ _ _ _ _ _

+ S = _ _ _ _ _ _ _ _ _ _ _ _

178 CURIOSITÉ

Quel mot commençant par un H
se prononce avec un H aspiré au masculin,
mais un H muet au féminin ?

Par exemple, houx ou hache commencent par un H aspiré puisqu'on dit le houx, la hache, alors que les mots hôtel et humanité commencent par un H muet puisqu'on dit l'hôtel et l'humanité.

CHANSON À TROUS

177

Utilisez toutes les lettres ci-dessous pour former quatre mots extraits de la chanson *Tapage nocturne* d’El Matador et Brasco.

A A A C D E E E E I L M O O

P P R S S S S S S T T U U Z

« Elle est moins belle

la vie de la _ _ _ _ _’_ _ _ _

Ne te fie pas aux cartes _ _ _ _ _ _ _ _ _

L’odeur de la _ _ _ _ _ _, nous on l’_ _ _ _ _ _ _. »

Les initiales des mots à trouver sont dans l’ordre : C, P, P et A.

176

CRYPTOGRILLE

Cette grille cache un dessin. Les chiffres indiquent, dans l'ordre, la taille des blocs de cases noires sur la ligne ou la colonne correspondante. Deux blocs ne peuvent se toucher et sont donc séparés par au moins une case blanche. Une seule répartition est possible pour aboutir au dessin final. Où êtes-vous ?

Colonnes (de gauche à droite) :

2 / 2 1 / 6 / 1 1 1 1 1 / 2 2 / 2 4 / 2 1 2 / 3 5 2 / 4 3 2 4 1 / 3 7 3 1 / 3 3 3 2 1 / 3 1 1 4 2 / 4 1 2 4 2 / 11 2 / 4 1 2 / 2 1 2

Lignes (de haut en bas) :

1 1
3 1 1 1
3 1 1 1
1 5
3 2 2
1 3
4 1
10
4 2
3 2
1 4
1 5
2 1
6
1 4
2 4
2 3
4 2
1 5 1
1 5
4 4
8 2

DICTIONNAIRE

Pour ce jeu collectif, reportez-vous à la page 4 pour plus d'indications.

Dans la partie noms propres du dictionnaire, Pierre Dansereau, un environnementaliste canadien, est précédé de deux noms connus et suivi de quatre autres qui le sont tout autant.

Pouvez-vous deviner ces six noms sachant qu'ils se situent tous entre Gabriele D'Annunzio, l'écrivain italien et le compositeur français d'origine vietnamienne Dao ?

174

DÉDALE

Déplacez-vous dans ce rectangle pour lire une drôlerie de Guy Bedos. Vous devez utiliser toutes les lettres en passant de l'une à l'autre horizontalement ou verticalement mais jamais en diagonale. Démarrez dans un angle.

D	I	E	T	A	V
O	S	U	S	N	E
I	I	L	E	D	R
T	S	H	C	A	E
L	T	E	E	U	E
O	E	T	L	R	S
U	E	E	A	E	S
S	E	C	V	N	U
T	U	N	E	H	A

LOGIQUE

Sachant que cette suite comporte exactement cent une lettres, pouvez-vous en donner les trois ou quatre lettres suivantes ?

B L M D G N P C F …

172 SUBSTITUTION

Observez les mots suivants et repérez une lettre qui leur est commune. Trouvez ensuite quel son substituer à celle-ci pour former de nouveaux mots.

GÉNOTYPE

ÉLÉGANT

GALLIQUE

POLYGONE

GARE

AGONIE

PASSE-TEMPS

Vous trouvez le temps long ? Entourez les personnages qui n'ont pas la bonne ombre.

PETIT COIN MALIN

En mettant les mots dans le bon ordre, complétez cette explication imagée de Ronald Reagan, parue dans le *Saturday Evening Post* en 1965, avant qu'il ne devienne président des États-Unis (la ponctuation et les majuscules sont des aides) :
« Un gouvernement c'est comme un bébé… »

tube un de gros
avec à appétit
un l'autre. bout
aucun digestif
des sens Un et
responsabilités

MÉTAMORPHOSE

169

Rien ne se perd, tout se transforme.

Trouvez un vin en quatre lettres et ajoutez-lui une lettre devant et une lettre derrière pour former un nouvel alcool apprécié dans le Midi.

Quelle métamorphose avez-vous réussie ?

DIFFÉRENCES

Trouvez quatre différences entre ces deux photos.

CHARADE

Mon premier comporte six faces
numérotées de un à six.

Mon second est un petit être ailé
aux pouvoirs magiques.

On attend sur mon troisième
que le train arrive en gare.

Mon tout est synonyme de faire caca.

COLLAGE

Dix mots ayant un rapport avec l'informatique ont été découpés en tranches. Reconstituez-les à partir des lettres ci-dessous.

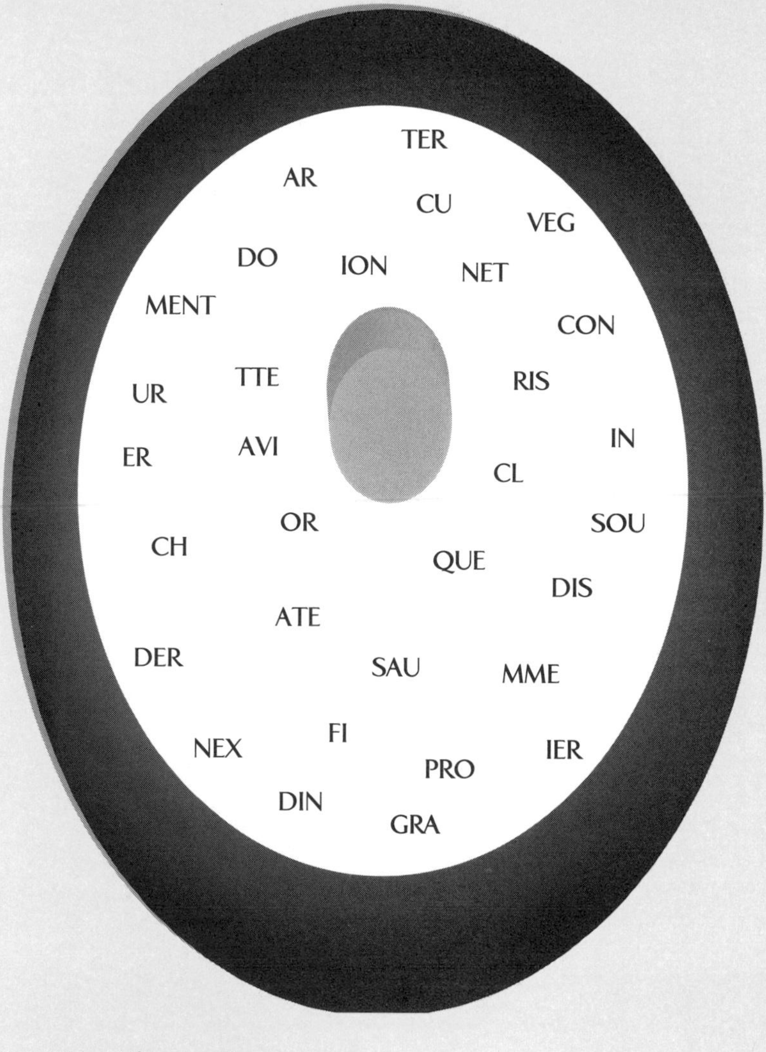

ANASTARS

Vous devez retrouver le titre d'une chanson de 1975 et le nom du groupe qui en était l'interprète, dissimulés derrière deux anagrammes fantaisistes. Aidez-vous des tirets pour reconstituer les mots cherchés.

RELÈVE L'ANCRE DE JOIE

_'_ _   _ _ _ _ _ _   _ _ _ _   _'_ _ _ _

ITALIEN ET SOUFI

_ _   _ _ _ _ _   _ _ _   _ _ _ _

164

LE TRÔNE

Je suis né le 5 décembre 1927, à Cambridge (Massachusetts, États-Unis) et effectue mes études en Suisse.

Couronné en 1950, je suis souverain constitutionnel et protecteur des religions de mon pays mais également le plus ancien chef d'État en exercice, toutes nations confondues.

Toute opinion défavorable concernant ma famille, même par des étrangers, est sévèrement réprimée dans mon pays.

Je suis l'actuel roi de Thaïlande sous le nom dynastique de Rama IX.

Qui suis-je ?

ENTRE DEUX MOTS 163

Trouvez les éléments suivants, sachant que les mots cherchés sont tous entre ÉNURÉSIE (pipi au lit) et ÉPOUVANTE dans l'ordre alphabétique (noms communs ou noms propres).

1. Au moins six animaux
2. Une fête chrétienne
3. Au moins deux parties d'une œuvre
4. Un bon vivant
5. Une source d'images
6. Un lieu qui abrita une merveille
7. Un fils de Tonnerre
8. Un nom composé utilisé dans un sport pour costauds
9. Une chanteuse qui doit adorer Miou-Miou et Duran Duran
10. Un passe-montagne

CRYPTOS RIGOLOS

À l'aide du tableau d'équivalence, décodez cette phrase de l'acteur français Fabrice Luchini.

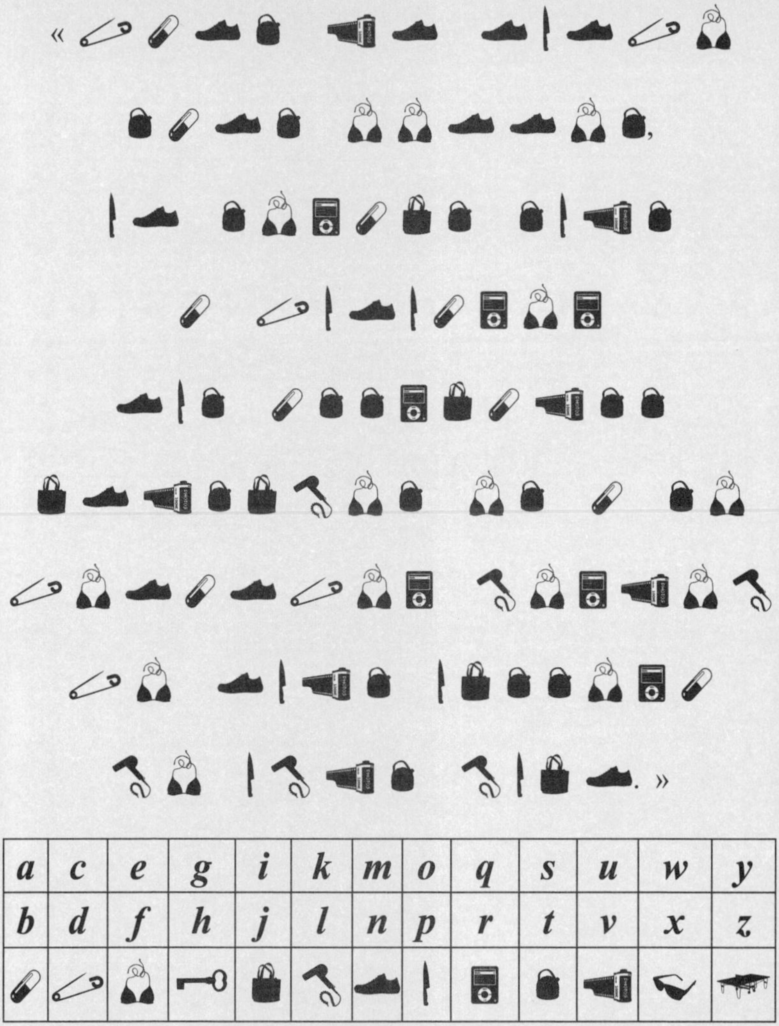

a	*c*	*e*	*g*	*i*	*k*	*m*	*o*	*q*	*s*	*u*	*w*	*y*
b	*d*	*f*	*h*	*j*	*l*	*n*	*p*	*r*	*t*	*v*	*x*	*z*

CHANSON À TROUS

161

Utilisez toutes les lettres ci-dessous pour former quatre mots extraits de la chanson *Le Youki* de Gotainer.

A A A A B C C E G I I L M N N O S T U V

« Qu'est-ce qu'il a fait là oh là ! le _ _ _ _ _ _

Kiki a _ _ _ _ _ des _ _ _ _ _ _ de _ _ _ _ »

Les initiales des mots à trouver sont dans l'ordre : V, M, B et C.

DIFFÉRENCES

Trouvez quatre différences entre ces deux photos.

SANDWICH

Complétez les mots horizontaux de six lettres. Plusieurs possibilités s'offrent parfois à vous mais une seule vous permettra de trouver l'expression argotique signifiant « faire caca ».

V	I		R	G	E
I	N		I	T	E
T	Y		A	N	S
E	P		Q	U	E
O	C		E	U	X
N	O		U	D	S
S	L		L	O	M
E	M		R	U	N
D	O		G	T	E
E	S		U	Y	E
P	A		P	R	E
E	V		S	I	F
C	O		P	U	S
H	O		K	E	Y
E	S		I	M	O

158

ANAPHRASE

Les mots suivants n'ont qu'une anagramme connue, notez-la à droite. Les initiales des mots trouvés formeront verticalement un dixième mot qui, à son tour, n'a qu'une anagramme.
Ces deux mots permettent de compléter la phrase :

« C'est grâce à de gentils
__________ que les prestations
que j'avais __________ au black
ont été découvertes par le fisc ! »

1. ORCHITES _________
2. PARISIEN _________
3. TERRIFIÉ _________
4. VENTOUSE _________
5. RECRUTÂT _________
6. DÉCRASSÉ _________
7. GAUSSIEN _________
8. TRÉPIDAI _________
9. ÉPOUSÉES _________

PASSE-TEMPS

157

Ces motifs floraux sont constitués d'hommes et de femmes, mais de combien d'hommes et de combien de femmes exactement ?

156 CRYPTOGRILLE

Cette grille cache un dessin. Les chiffres indiquent, dans l'ordre, la taille des blocs de cases noires sur la ligne ou la colonne correspondante. Deux blocs ne peuvent se toucher et sont donc séparés par au moins une case blanche. Une seule répartition est possible pour aboutir au dessin final.
Avec l'indice supplémentaire « chanteur », que voyez-vous ?

	2	3	1 14 1	21	7	4	4	4	4 1	9	2
1											
3											
2 1											
4											
2											
2											
2											
2											
3											
3											
3											
5											
8											
9											
9											
2 3											
2 1											
1 1											
1 1											
1 1											
2 2											

COUPE-LETTRE

155

Biffez une lettre sur chaque ligne pour donner naissance à un mot de six lettres, sans changer l'ordre de celles-ci. Reportez la lettre biffée dans la case pour lire verticalement l'identité de l'auteur de ces mots : « Le pont est un âne, jambes écartées, qui pisse dans la rivière. »

1. GLUCIDE ☐
2. FAUCONS ☐
3. RECITAL ☐
4. FOURNIL ☐
5. HOSTILE ☐
6. CLAPIER ☐
7. CROQUET ☐
8. ELISANT ☐

154

CUBES... ESSAIS

Les lettres Q, B et C ont été inscrites chacune deux fois sur les faces d'un cube. Observez le dé développé et les quatre vues.
Laquelle ne peut pas provenir du dé développé ?

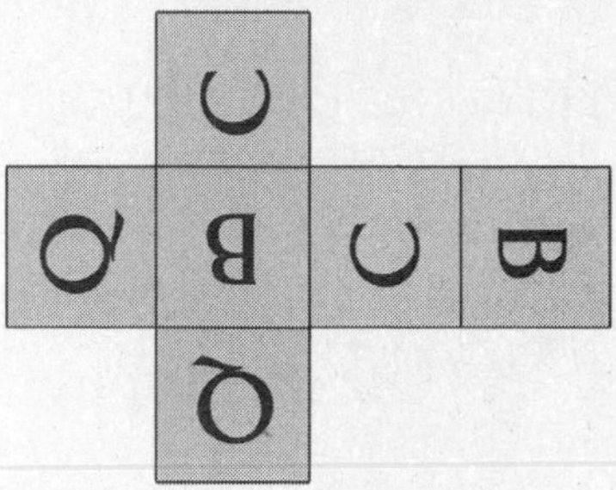

A B C D

CHARADE

Mon premier est une conjonction
de coordination.

Mon second est scié pour que l'arbre tombe.

Mon tout est la quintessence
de la matière fécale.

152

CRYPTOS RIGOLOS

À l’aide du tableau d’équivalence, décodez cette phrase extraite du roman *La Ligne verte* de Stephen King.

« 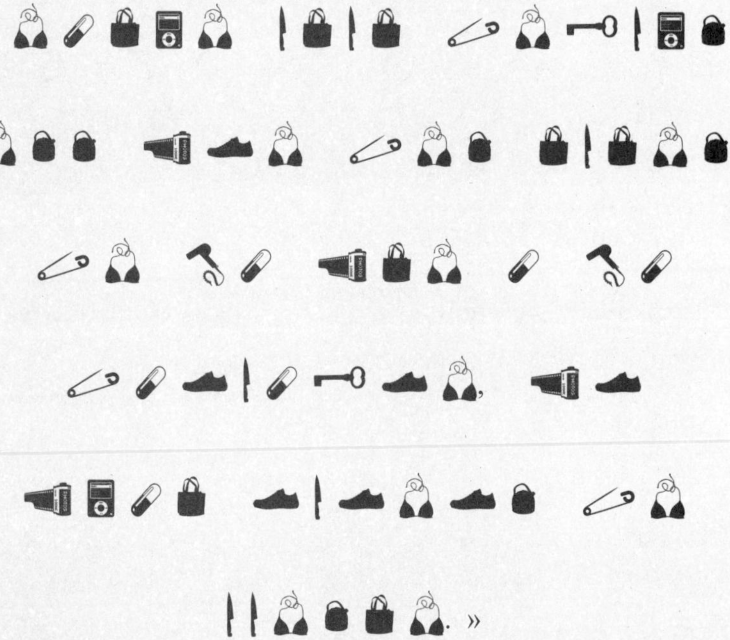 »

a	*c*	*e*	*g*	*i*	*k*	*m*	*o*	*q*	*s*	*u*	*w*	*y*
b	*d*	*f*	*h*	*j*	*l*	*n*	*p*	*r*	*t*	*v*	*x*	*z*

DÉCOMPOSITION

Utilisez une seule fois chacune des treize lettres de CACA SOUS NEIGE (une variante d'anguille sous roche ou baleine sous gravillon) pour former des couples de mots répondant aux définitions ci-dessous (entre parenthèses le nombre de lettres du mot cherché) :

C A C A S O U S N E I G E

1. Énervée (6) _ _ _ _ _ _
   Passage au four (7) _ _ _ _ _ _ _

2. Perspicace, vif d'esprit (6) _ _ _ _ _ _
   Fille de la famille (7) _ _ _ _ _ _ _

3. Victime de sacrifice (6) _ _ _ _ _ _
   Tuées (7) _ _ _ _ _ _ _

4. Drogue (7) _ _ _ _ _ _ _
   Habitudes (6) _ _ _ _ _ _

5. Droit révolu (8) _ _ _ _ _ _ _ _
   Étendue d'eau (5) _ _ _ _ _

150

MARIONS-LES !

Associez ces initiales (chiffre) à leur propriétaire concerné par l'indice (lettre). Notez vos réponses sous les chiffres pour lire horizontalement le mot bonus.

A. G.	1	K	Écrivain des *Faux-monnayeurs*
S. G.	2	R	Père du *Capitaine Fracasse*
J. G.	3	A	Président de la perestroïka
I. G.	4	E	Actrice de *Ghost* et *Sister Act*
G. G.	5	P	Le Che
T. G.	6	O	Fille du pandit Nehru
M. G.	7	G	La Divine au cinéma
E. G.	8	I	Égérie masculine de Karl Lagerfeld
L. G.	9	H	Imitateur d'*Élections matinales*
B. G.	10	M	Auteur de *Pompes funèbres*
W. G.	11	S	Acteur fétiche d'Alfred Hitchcock
C. G.	12	Y	Chanteur de *La Javanaise*

1 2 3 4 5 6 7 8 9 10 11 12

_ _ _ _ _ _ _ _ _ _ _ _

LE TRÔNE

Je m'inspire de *Hamlet* de William Shakespeare en mettant en scène l'assassinat d'un roi par son propre frère qui s'empare ainsi du trône. Le fils de ce roi cherche à faire éclater la vérité.

Mon équipe d'animation a séjourné en Afrique pour étudier mon décor original et a observé le comportement d'animaux de la savane au sein même des studios pour créer mes personnages.

Deux suites m'ont été données, mais également une série télévisée dérivée et une comédie musicale à Broadway.

Sorti en 1994, je suis un dessin animé des studios Disney dont le héros est Simba, « lion » en swahili.

Qui suis-je ?

OBJECTIF 65

Atteignez la somme de 65 dans toutes les directions (horizontalement, verticalement et dans les deux grandes diagonales) en remplissant les cases vides par les chiffres de 1 à 25 ne figurant pas encore dans ce carré magique.

19	23			5
	15	4		22
			10	14
		13		16
12	1	20		

PETIT COIN MALIN

En mettant les mots dans le bon ordre, retrouvez cette définition de l'écrivain suisse Albert Cohen, extraite de *Solal* (la ponctuation et les majuscules sont des aides).

tubes soudure
deux cette
digestifs.
Baiser, de

146

ROSACE

Remplissez la fleur en formant des mots à partir de ces séries de lettres. Écrivez-les de l'extérieur de la rosace vers le centre, comme dans les exemples. Attention aux anagrammes, il n'y a qu'une seule façon de compléter la grille en croisant les mots. Parcourez ensuite les cases plus foncées dans le sens des aiguilles d'une montre : vous découvrirez une couleur.

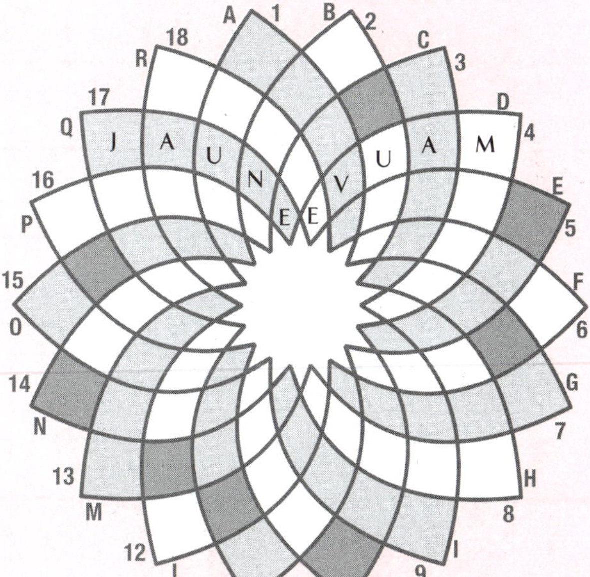

A. EORTV	**G.** AEGTU	**M.** EIPTT	**1.** ORSTU	**7.** EERRT	**13.** ELPPU
B. EPRSU	**H.** EGLNO	**N.** DENNO	**2.** GINOP	**8.** DILNU	**14.** DELPU
C. AEINV	**I.** CEOPU	**O.** EINRS	**3.** EERRV	**9.** ACIOT	**15.** EIORT
D. AIMOR	**J.** MOPRU	**P.** BGORU	**4.** AEMUV	**10.** EGNOR	**16.** BEINN
E. ADIMR	**K.** ABELL	**Q.** AEJNU	**5.** AEIMR	**11.** BEGOU	**17.** IJNOT
F. EEFNT	**L.** INLPU	**R.** EFIOR	**6.** AFNOS	**12.** AELMP	**18.** AEFNU

SUDOKU

Utilisez une seule fois chacun des chiffres de 1 à 9 dans chaque ligne, chaque colonne et chaque zone aux contours noircis.

5				8				
		2						9
	8		5	2			4	6
		3		9				5
4	6		7	5	2		9	3
1				3		4		
6	3			7	5		2	
8						3		
				6				8

144

DIFFÉRENCES

Trouvez quatre différences entre ces deux photos.

ORIENTATION

Toutes ces figures sont identiques sauf une. Laquelle ?

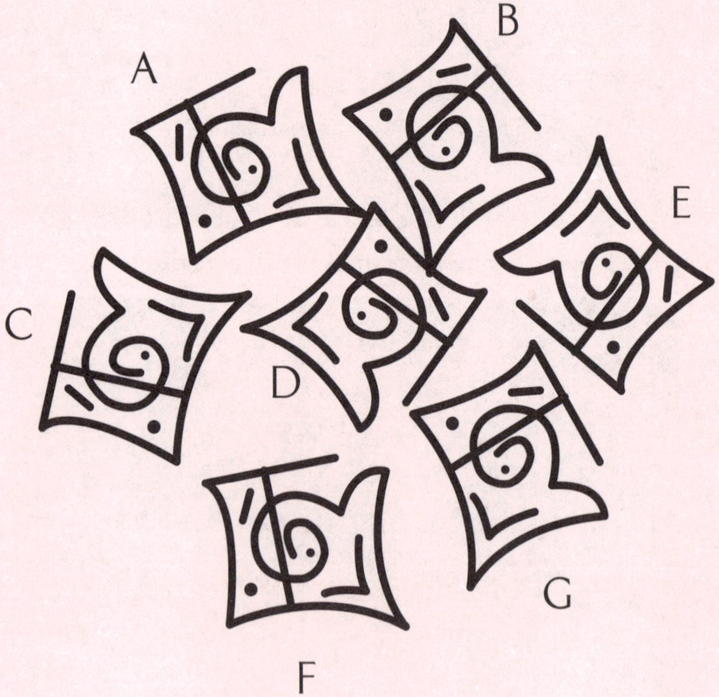

REMUE-MÉNINGES

Pour ce jeu collectif, reportez-vous à la page 4 pour plus d'indications.

Un grimoire est un livre de magie renfermant des formules compliquées et incompréhensibles du grand public.

Quel autre nom partageant l'étymologie de grimoire fait le même effet à de nombreux enfants (et adultes) :

la grammaire ?

les grimaces ?

la (grise) moire aux reflets changeants ?

QUÈSACO

141

Quelle expression est suggérée ci-dessous ?

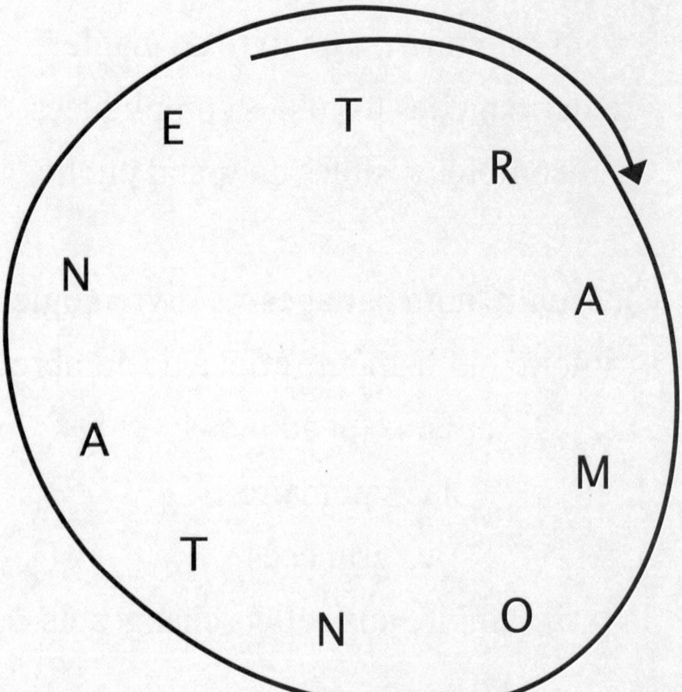

DÉDALE

Déplacez-vous dans ce rectangle pour découvrir une pensée d'Alexandre Vialatte. Vous devez utiliser toutes les lettres en passant de l'une à l'autre horizontalement ou verticalement mais jamais en diagonale. Démarrez dans un angle.

E	L	S	D	E
D	E	N	A	N
T	S	R	T	U
R	E	O	F	S
N	D	D	E	A
A	H	C	S	P
M	A	R	A	T
E	E	L	B	I
L	N	E	F	A

CURIOSITÉ

En utilisant toutes les lettres de COLTINE deux fois, on peut former le mot COLLECTIONNITE, une maladie qui atteint celui qui est tenté de tout collectionner.

Quel adjectif de dix-huit lettres obtient-on en utilisant deux fois toutes celles du verbe CONNAÎTRE ?

_ _ _ _ _ _ _ _ _ _ _ _ _ _ _ _ _ _

138 MÉLI-MÉLO

Retrouvez trois capitales d'État des États-Unis. Pour chacune, l'initiale figure sur le premier panneau, la deuxième lettre sur le deuxième panneau, et ainsi de suite.
Toutes les lettres doivent être utilisées.

____

____

____

CHARADE

Mon premier est le présent du verbe « dire »
à la première personne du singulier.

Mon second est le présent du verbe « fuser »
à la troisième personne du singulier.

Marre de la conjugaison ?
Un peu de mathématiques : mon troisième
est multiplié par vingt-quatre en une journée.

Mon quatrième est entre le un et le trois.

Mon cinquième est une division d'un gâteau.

Mon sixième est le contraire de début.

Mon tout sert à préserver
une odeur fraîche aux toilettes !

136

BALANCES

Les deux premières balances sont équilibrées.
Combien faut-il déposer de triangles sur le plateau droit de la troisième pour obtenir le même résultat ?

CRYPTOGRILLE

Cette grille cache un dessin. Les chiffres indiquent, dans l'ordre, la taille des blocs de cases noires sur la ligne ou la colonne correspondante. Deux blocs ne peuvent se toucher et sont donc séparés par au moins une case blanche. Une seule répartition est possible pour aboutir au dessin final.
Quel accessoire utilisé dans le sport voyez-vous ?

	9	4 1 4	2 1 1 1 2	2 1 2	3 3	1 2 2	2 1 1	6 4 4	2 1 1 1	1 2 1 2	3 1 3	2 2	2 1 1 1 2	4 1 4	9
5															
3															
1															
9															
4 1 4															
2 1 1 1 2															
2 2															
3 1 3															
2 1 2															
1 1 1															
4 4 3															
1 1															
2 2															
3 3															
2 1 2															
2 1 1 1 2															
4 1 4															
9															

CRYPTOS RIGOLOS

À l'aide du tableau d'équivalence, décodez cette phrase extraite du roman *Le Dimanche de la vie* de Raymond Queneau.

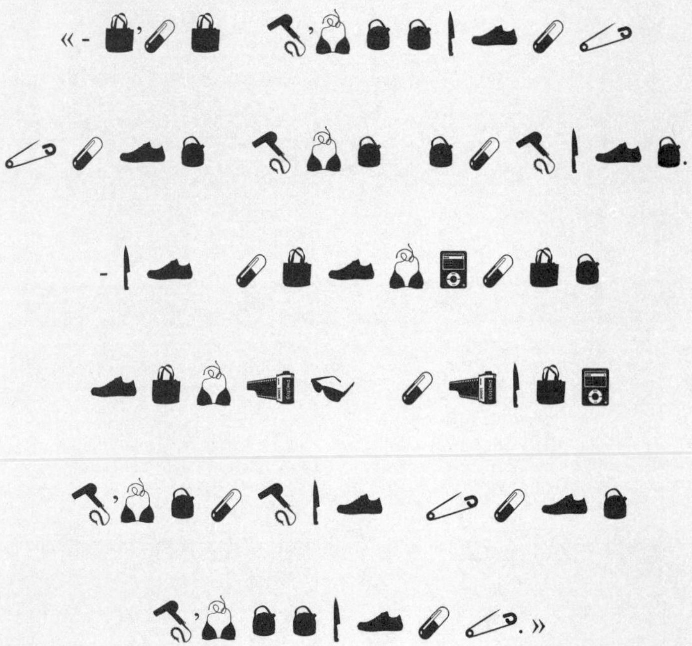

a	*c*	*e*	*g*	*i*	*k*	*m*	*o*	*q*	*s*	*u*	*w*	*y*
b	*d*	*f*	*h*	*j*	*l*	*n*	*p*	*r*	*t*	*v*	*x*	*z*
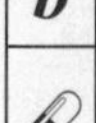	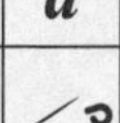		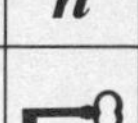			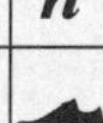	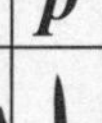	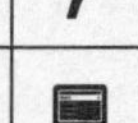		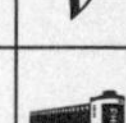	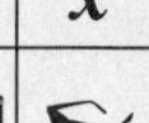	

133

ANASTARS

Vous devez retrouver le titre d'une chanson gagnante
de l'Eurovision et le nom de son interprète, dissimulés derrière
deux anagrammes fantaisistes.
Aidez-vous des tirets pour reconstituer les mots cherchés.

VICIEUSE, TA SALADE !

_ _   _ _   _ _ _   _ _ _   _ _ _ _ _ _

SERRE MON CHIEN

_ _ _ _ _ _ _   _ _ _ _ _ _

132

LE TRÔNE

Mon nom de naissance est
Marie-Josèphe-Rose de Tascher de La Pagerie.

Je suis née en 1763 aux Trois-Îlets
en Martinique et morte en 1814
à Rueil-Malmaison.

Passionnée de botanique, je suis à l'origine
de l'introduction de nouvelles espèces
de plantes en France, dans le jardin botanique
du domaine de Malmaison, créé en 1801.

Je suis la première épouse de l'empereur
Napoléon Ier, impératrice des Français et reine
d'Italie jusqu'en 1809.

Parmi mes petits-enfants, on compte d'illustres
souverains comme l'empereur Napoléon III
ou la reine Joséphine de Suède et de Norvège.

Qui suis-je ?

Guillaume est trois fois plus âgé que Léa, qui a neuf ans.

Dans combien d'années Guillaume n'aura-t-il plus que le double de bougies sur son gâteau par rapport à celui de Léa ?

PASSE-TEMPS

Combien dénombrez-vous d'hommes sur cette page ?

BÉGAIEMENTS

Tous les mots à trouver contiennent un « bégaiement », c'est-à-dire la répétition d'une même séquence auditive comme dans les mots « entêté », « millilitre » ou « balalaïka ».
Chercher est maintenant votre tâche.

1. C'est petit, étroit, mesquin…
   Mais c'est aussi une eau-de-vie et un jeu de cartes appelé également « ascenseur ».

2. Ce luxe pompeux a été chanté par Suzy Delair mais avec un double sens.

3. Cette petite guitare à quatre cordes est originaire d'Hawaii.

4. Ce son de flûte ne s'emploie guère que devant chapeau pointu.

5. Cette charge incombe au guide de prière dans la religion musulmane.

128 CHANSON À TROUS

Utilisez toutes les lettres ci-dessous pour former quatre mots extraits de la chanson *Prohibition* de Brigitte Fontaine.

A A A A A B B C D E E E E G G I I

L N O O R R R S S T T T T T T W

« Passez votre chemin, _ _ _ _ _ _ _ _

Et filez vite au _ _ _ _ _ - _ _ _

Je fumerai ma _ _ _ _ _ _ _ _ _ _ _

Tranquillement dans les _ _ _ _ _ _ _ _ _ _ _. »

Les initiales des mots à trouver sont dans l'ordre : B, W, C et T.

ALPHAKU

Utilisez une seule fois dans chaque ligne, chaque colonne et chaque zone chacune des neuf lettres constituant cet alphaku. La grille vous révélera un nom bonus quelque part.

							M	
E		D	S				J	
	J		N			D		
		M	O		N			
	D	O	M		J	E	B	
			D		A	M		
		N			B		S	
	E				S	B		D
	O							

126

MOTOCROTTE

Sachant que chaque chiffre en tête de ligne ou de colonne indique le nombre de crottes qui s'y trouvent, localisez et représentez par des cercles les déjections laissées par les vingt-quatre chiens de la grille pour permettre à la motocrotte automatisée de terminer son travail rapidement.

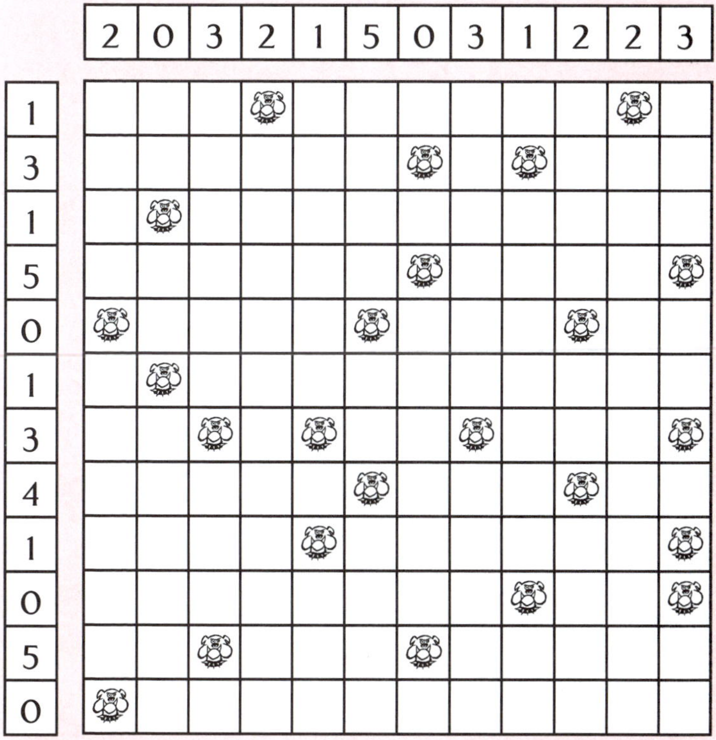

125

MARIONS-LES !

Associez ces initiales (chiffre) à leur propriétaire concerné par l'indice (lettre). Notez vos réponses sous les chiffres pour lire horizontalement le mot bonus.

Y. M.	1	U	Fille de Catherine Deneuve
C. M.	2	M	Actrice de *La Boum*
M. M.	3	A	Juré de la Nouvelle Star
G. M.	4	N	L'un des Beatles
B. M.	5	S	Mari de Simone Signoret
E. M.	6	O	Rocker des Chaussettes noires
S. M.	7	B	Chanteur des Doors
J. M.	8	E	Économiste allemand du *Capital*
A. M.	9	T	Acteur de Brett Sinclair
P. M.	10	L	Un petit Groseille devenu grand
R. M.	11	P	Pionnier du cinéma
K. M.	12	R	Actrice blonde de légende

1	2	3	4	5	6	7	8	9	10	11	12
_	_	_	_	_	_	_	_	_	_	_	_

PASSE-TEMPS

Vous trouvez le temps long ? Tracez les canalisations, des toilettes jusqu'à la fosse septique.

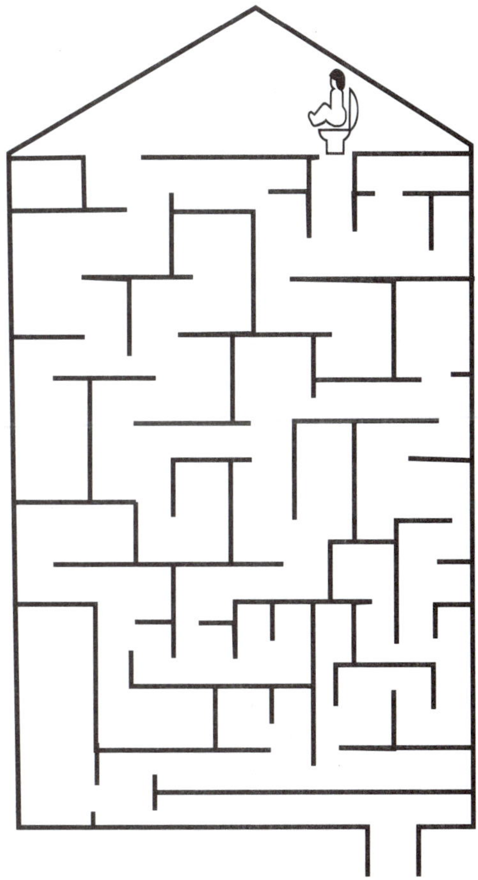

PETIT COIN MALIN

123

En mettant les mots dans le bon ordre, retrouvez cette citation de l'écrivain français Blaise Cendrars, extraite de *Emmène-moi au bout du monde* (la ponctuation et les majuscules sont des aides).

magique. est
digestion. une
L'univers est
action Vivre une

DÉDALE

Déplacez-vous dans ce carré pour lire une boutade de Philippe Bouvard. Vous devez utiliser toutes les lettres en passant de l'une à l'autre horizontalement ou verticalement mais jamais en diagonale. Démarrez dans un angle.

D	U	F	R	E	M	A	L
T	I	A	I	T	E	C	E
R	A	T	S	E	E	N	Q
U	A	U	E	O	I	I	U
I	L	N	E	S	C	P	E
U	Q	S	N	O	C	E	R
E	M	P	N	A	I	D	M
T	E	L	E	R	T	T	E

Sudoku

Utilisez une seule fois chacun des chiffres de 1 à 9 dans chaque ligne, chaque colonne et chaque zone aux contours noircis.

1	3	9		2				
					7	5	8	3
7					3	1		
					6			4
		6	2	7	4	8		
8			1					
		3	6					1
9	7	4	3					
				8		3	4	9

120

DIFFÉRENCES

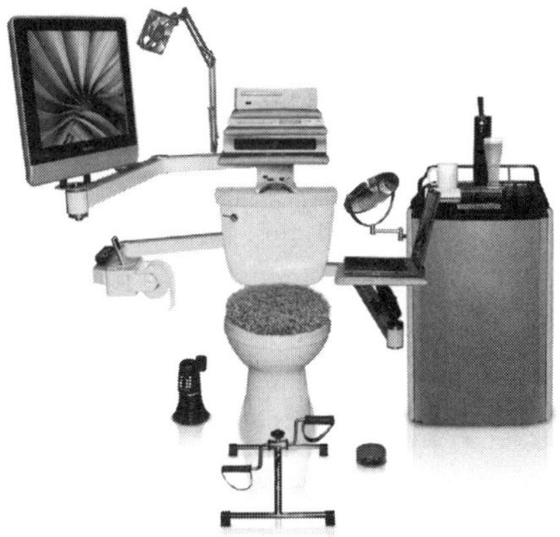

Trouvez quatre différences entre ces deux photos.

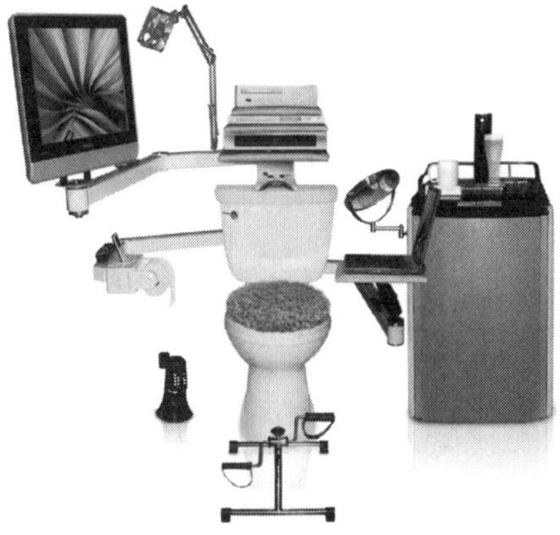

Substitution

Observez les mots suivants et repérez une lettre qui leur est commune. Trouvez ensuite quelle lettre substituer à celle-ci pour former de nouveaux mots.

REPAIRE

____

PORTRAITURE

____

SNIPER

____

RÉPUTATION

____

PRIMAIRE

____

POUDROYANT

118

SANDWICH

Complétez les mots horizontaux de six lettres. Plusieurs possibilités s'offrent parfois à vous mais une seule vous permettra de trouver l'expression argotique signifiant « se curer le nez ».

S	U		E	T	E
E	G		R	I	E
F	A		A	D	E
O	U		D	I	R
U	T		P	I	E
I	N		L	U	S
L	A		A	R	S
L	I		S	S	E
E	R		A	T	A
R	E		O	L	U
L	U		U	R	S
E	X		U	D	E
S	A		A	N	E
N	E		N	T	S
A	M		I	G	U
R	A		E	U	R
I	N		D	I	T
N	U		G	E	S
E	R		D	I	T
S	E		U	E	L

117

CRYPTOS RIGOLOS

À l'aide du tableau d'équivalence, décodez cette phrase de l'humoriste et comédien français Pierre Dac.

a	c	e	g	i	k	m	o	q	s	u	w	y
b	d	f	h	j	l	n	p	r	t	v	x	z

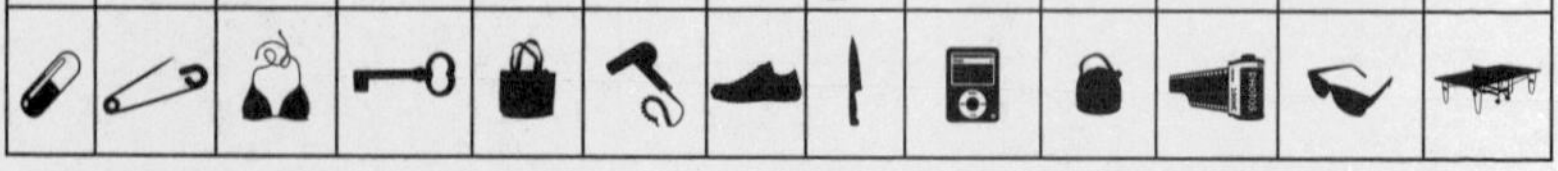

116 ENTRE DEUX MOTS

Trouvez les éléments suivants, sachant que les mots cherchés sont tous entre FÉCALOME (accumulation de matières fécales durcies dans le rectum) et FEU dans l'ordre alphabétique (noms communs ou noms propres).

1. Un être imaginaire connu pour ses doigts
2. Deux porte-bonheur
3. Un animal et une famille différente d'animaux
4. Un verbe qui est aussi le nom d'un champion
5. Deux bateaux
6. Un personnage de dessin animé créé en 1919
7. Un prix attribué à Alexandre Jardin pour *Le Zèbre* en 1988
8. Un cinéaste italien
9. Un acteur comique
10. Au moins six chanteurs français

115

LE TRÔNE

Je suis née en 1477 à Nantes
et morte en 1514 à Blois.

Je suis la fille de François II, duc souverain de Bretagne, et de sa seconde épouse Marguerite de Foix, princesse de Navarre.

Duchesse de Bretagne, je deviens par mes mariages successifs reine des Romains, puis reine de France, reine de Sicile et de Jérusalem et duchesse de Milan.

Je suis un enjeu central dans les luttes d'influence qui aboutissent après ma mort à l'union de la Bretagne à la France.

Qui suis-je ?

ROSACE

Remplissez la fleur en formant des mots à partir de ces séries de lettres. Écrivez-les de l'extérieur de la rosace vers le centre, comme dans les exemples. Attention aux anagrammes, il n'y a qu'une seule façon de compléter la grille en croisant les mots. Parcourez ensuite les cases plus foncées dans le sens des aiguilles d'une montre : vous découvrirez un nom d'animal.

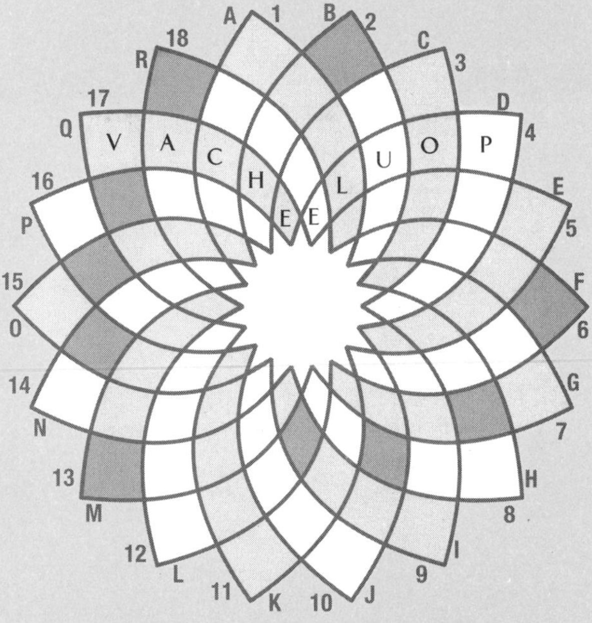

A. CEELL	G. EILPS	M. CEENR	1. CCEHO	7. AINPS	13. CEOST
B. EGORU	H. NOOPT	N. EELUV	2. CEEHR	8. EILPT	14. EELRV
C. CINOS	I. AMOST	O. EFIRR	3. CELLO	9. ELMOS	15. EFIRR
D. EINPT	J. EFILR	P. CEHOP	4. ELOPU	10. AEEFN	16. ENPRU
E. ABEIS	K. ABERT	Q. ACEHV	5. BEEGI	11. BIOST	17. EILOV
F. AEEHL	L. EFILO	R. CELOS	6. AEHIN	12. AFLOT	18. ACERS

COLLAGE

113

Dix villes de Pologne ont été découpées en morceaux.
Reconstituez-les à partir des lettres ci-dessous.

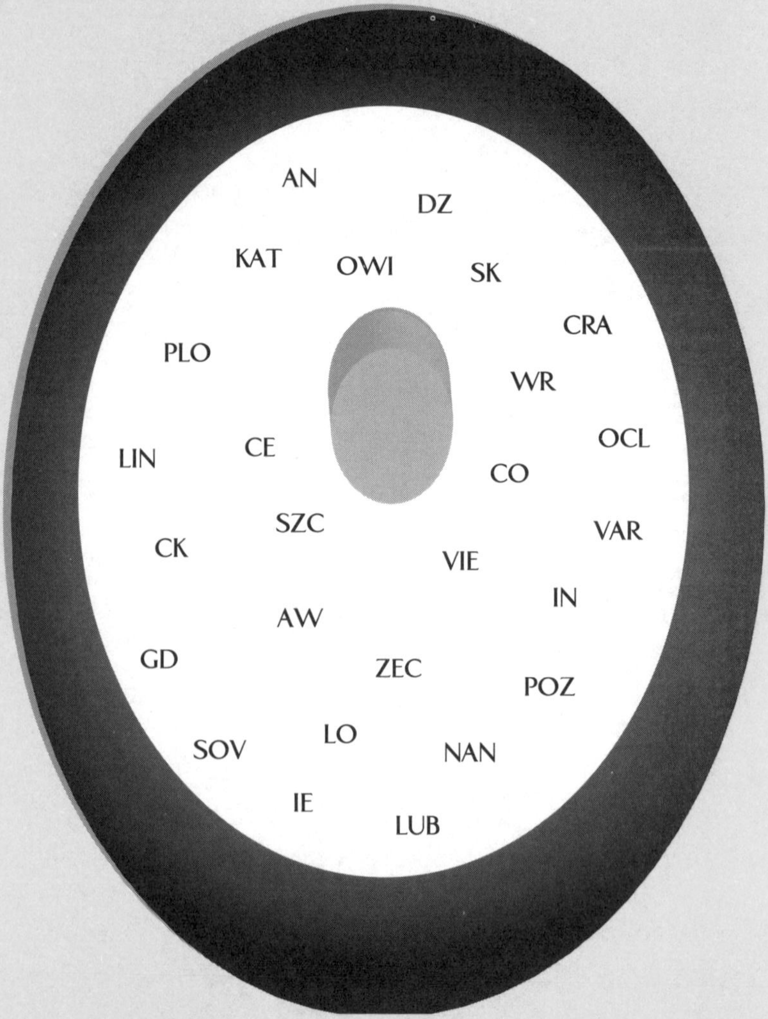

112

ANAPHRASE

Les mots suivants n'ont qu'une anagramme connue, notez-la à droite. Les initiales des mots trouvés formeront verticalement un dixième mot qui, à son tour, n'a qu'une anagramme.
Ces deux mots permettent de compléter la phrase :

« Les conséquences de son ulcère _ _ _ _ _ _ _ _ _ auraient pu être _ _ _ _ _ _ _ _ _ s'il n'avait pas consulté à temps. »

1. AGUILLÉ _ _ _ _ _ _ _
2. COALISA _ _ _ _ _ _ _
3. ERREURS _ _ _ _ _ _ _
4. INTENTA _ _ _ _ _ _ _
5. DIGÉRER _ _ _ _ _ _ _
6. BRUCINE _ _ _ _ _ _ _
7. CHIQUES _ _ _ _ _ _ _
8. PULSION _ _ _ _ _ _ _
9. HIVERNA _ _ _ _ _ _ _

CRYPTOGRILLE

Cette grille cache un dessin. Les chiffres indiquent, dans l'ordre, la taille des blocs de cases noires sur la ligne ou la colonne correspondante. Deux blocs ne peuvent se toucher et sont donc séparés par au moins une case blanche. Une seule répartition est possible pour aboutir au dessin final.
Quelle scène de la vie quotidienne voyez-vous ?

Colonne	1	2	3	4	5	6	7	8	9	10	11	12	13	14	15	16
Indices	1 5 1	1 2 3 1 3	1 3 2 3	1 1 3 1 3	1 2 5 1	1 3 1 1 1	9 4 1	9 3	1 3 1 3	1 2 1 3	1 1 5 2	1 1 3 6	1 5 1 1 1	1 6 4 1	1 6 2	1 7

Ligne	Indices
1	16
2	2
3	2
4	2
5	4
6	6
7	8
8	1 2
9	3 2 5
10	2 1 3
11	3 7
12	1 5
13	1 5
14	1 2
15	5 1 1
16	1 3 1 1 1
17	1 1 1 1 1 1
18	1 3 1 1 1
19	5 8 1
20	3 5 2
21	10 5

110

CRESCENDO

Ajoutez une à une les lettres proposées pour découvrir un nouveau mot à chaque ligne.

P R É

+ E = _ _ _ _

+ G = _ _ _ _ _

+ I = _ _ _ _ _ _

+ N = _ _ _ _ _ _ _

+ M = _ _ _ _ _ _ _ _

+ T = _ _ _ _ _ _ _ _ _

+ P = _ _ _ _ _ _ _ _ _ _

LOGIQUE

Quel chiffre complète logiquement
le rectangle ?

8	13	15	19
5	11	8	18
21	14	49	?

REMUE-MÉNINGES

Pour ce jeu collectif, reportez-vous à la page 4 pour plus d'indications.

Quelle période d'abstinence a la même étymologie qu'un nombre qui correspond à sa durée en jours ?

COUPE-LETTRE

Biffez une lettre sur chaque ligne pour donner naissance à un mot de six lettres, sans changer l'ordre de celles-ci. Reportez la lettre biffée dans la case pour lire verticalement le nom de celui qui a déclaré : « Faire pipi dehors est une des joies de vivre à la campagne, un vrai moment de poésie. »

1. VALSEUR ☐
2. MOUFLET ☐
3. EVIDANT ☐
4. ADIPEUX ☐
5. CHORAUX ☐
6. DRAGEON ☐
7. BANQUET ☐
8. COKEURS ☐
9. SOUDAIN ☐
10. VIOLENT ☐
11. MORGUES ☐

106

ÉTOILE

Chaque définition indique le point de départ et le point d'arrivée du mot à trouver. Remplissez la grille-étoile, puis réarrangez les lettres grisées dans l'espace réponse pour lire le nom d'une petite tache rouge sur la peau, dont la prononciation peut porter à confusion…

1-5. Région produisant un vin de fête. **1-8.** Cryptai. **2-10.** Apprécier et même plus. **3-30.** Habitant d'un pays d'Amérique du Sud. **4-13.** République d'Afrique occidentale. **5-15.** Bouleverse, touche. **6-7.** Celui en côte terrorise les conducteurs débutants. **8-15.** Distribuant de l'eau. **9-20.** Élément tournant du moteur. **11-22.** Récompense de bon élève, naguère. **12-23.** Relative au raisin. **14-21.** Refusera d'admettre. **16-29.** Art de préparer un plan de campagne. **17-31.** Ensemble des animaux du zoo. **18-28.** Pays du tango et de la pampa. **19-32.** Se montrera tendre et doux. **24-25.** Adolescents. **26-27.** Arbre fournissant sa baguette au sourcier.

CHARADE

Mon premier est le mot « taxi » en anglais.

Mon second est la neuvième
lettre de l'alphabet.

Mon troisième a deux narines.

Mon tout désigne autant les toilettes
que les bureaux de certaines professions
libérales ou des meubles en vogue
aux XVIe et XVIIe siècles.

104 PASSE-TEMPS

Dans ces rangs, cerclez les groupes composés de deux hommes entourant une femme.

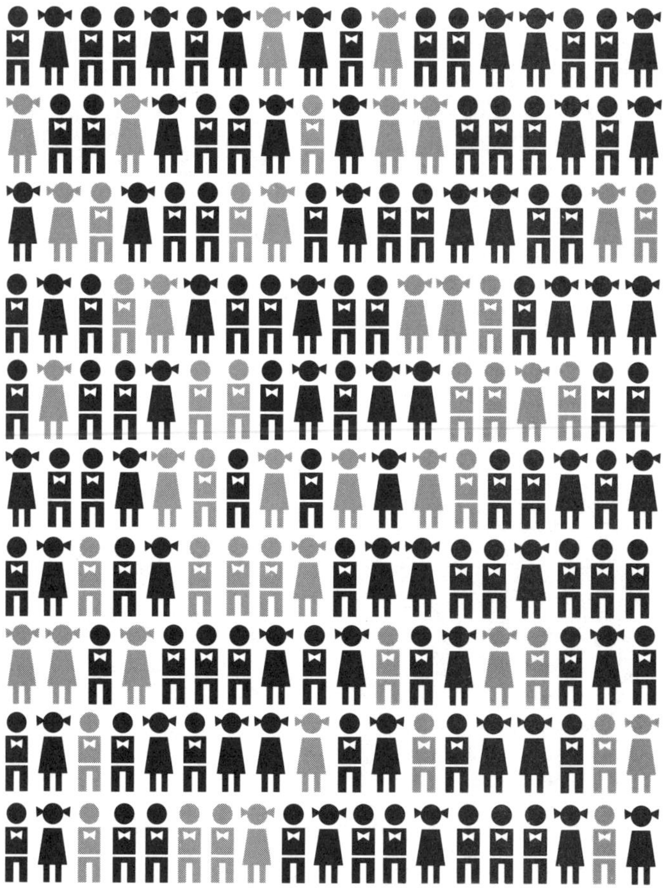

QUÈSACO

Quelle expression est suggérée par les deux éléments du bas ?

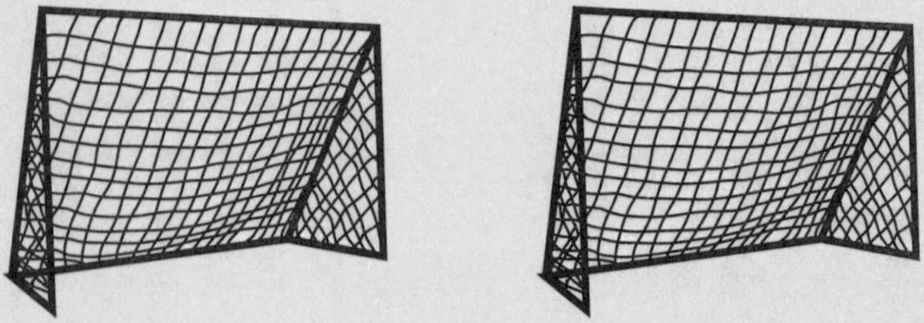

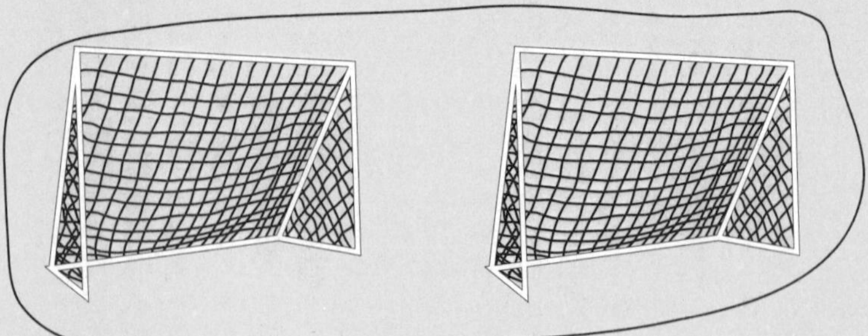

102

MÉTAMORPHOSE

Rien ne se perd, tout se transforme.

Trouvez un pays d'Afrique en quatre lettres.

Placez ensuite Sud et Ouest à l'ouest et Est et Nord à l'est pour lire le nom d'un habitant d'un autre pays d'Afrique.

Quelle métamorphose avez-vous réussie ?

CRYPTOS RIGOLOS

101

À l'aide du tableau d'équivalence, décodez ce proverbe turc.

a	c	e	g	i	k	m	o	q	s	u	w	y
b	d	f	h	j	l	n	p	r	t	v	x	z

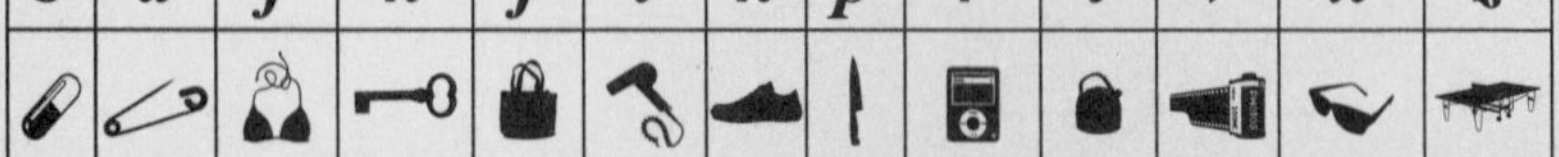

100 PETIT COIN MALIN

En mettant les mots dans le bon ordre, retrouvez cette remarque du poète français Jean Cocteau (la ponctuation et les majuscules sont des aides).

pots aussi Les
profonds. sont
chambre de

ANASTARS

Vous devez retrouver le titre d’une reprise de 2011 d’un titre de 1973 et le nom de sa dernière interprète, dissimulés derrière deux anagrammes fantaisistes.
Aidez-vous des tirets pour reconstituer les mots cherchés.

MILLE DOUZE : PAIR

_ _ _ _ _ _ - _ _ _   _ _   _ _ _

BIDE MACHINE

_ _ _ _ _ _ _ _   _ _ _ _

98

MARIONS-LES !

Associez ces initiales (chiffre) à leur propriétaire concerné par l'indice (lettre). Notez vos réponses sous les chiffres pour lire horizontalement le mot bonus.

A. R.	1	O	Cow-boy devenu président
F. R.	2	Z	Poète du *Bateau ivre*
M. R.	3	E	Un *Grand Blond* bien *Distrait*
R. R.	4	Y	Père de *Gargantua*
E. R.	5	U	Actrice d'*Erin Brockovich*
P. R.	6	P	Auteur de *Cyrano de Bergerac*
O. R.	7	L	Le CR7 du Real Madrid
T. R.	8	S	Chanteuse des Supremes
C. R.	9	T	Chanteuse repérée à la Star'Ac
J. R.	10	A	Complice de Larqué au micro
L. R.	11	M	Chanteuse de Loulou Gasté
D. R.	12	G	La comique du répondeur

1	2	3	4	5	6	7	8	9	10	11	12
_	_	_	_	_	_	_	_	_	_	_	_

LE TRÔNE

Je suis née vers 1122
et morte en 1204 à Poitiers.

Duchesse d'Aquitaine, j'épouse
successivement le roi de France Louis VII,
puis Henri Plantagenêt,
le futur roi d'Angleterre Henri II.

Je donne naissance à cinq filles et cinq fils,
dont Richard, roi d'Angleterre sous le nom
de Richard Cœur de Lion, et Jean, dit Jean sans
Terre, roi d'Angleterre à la suite de son frère.

En 1173, je trame le complot qui soulève trois
de mes fils contre leur père, Henri II,
mais suis arrêtée par les soldats de mon époux
et emprisonnée pendant quinze ans.

Qui suis-je ?

DIFFÉRENCES

Trouvez cinq différences entre ces deux photos.

DICTIONNAIRE

Pour ce jeu collectif, reportez-vous à la page 4 pour plus d'indications.

Dans la partie noms propres du dictionnaire, l'alchimiste allemand Oswald Croll (ou Oswaldus Crollius) est entouré par deux noms connus et composés.

Pouvez-vous les deviner ?

94

MÉLI-MÉLO

Retrouvez trois États des États-Unis. Pour chacun, l'initiale figure sur le premier panneau, la deuxième lettre sur le deuxième panneau, et ainsi de suite. Toutes les lettres doivent être utilisées.

____

____

____

CUBES... ESSAIS

Les lettres Q, B et C ont été inscrites chacune deux fois sur les faces d'un cube. Observez le dé développé et les quatre vues.
Laquelle ne peut pas provenir du dé développé ?

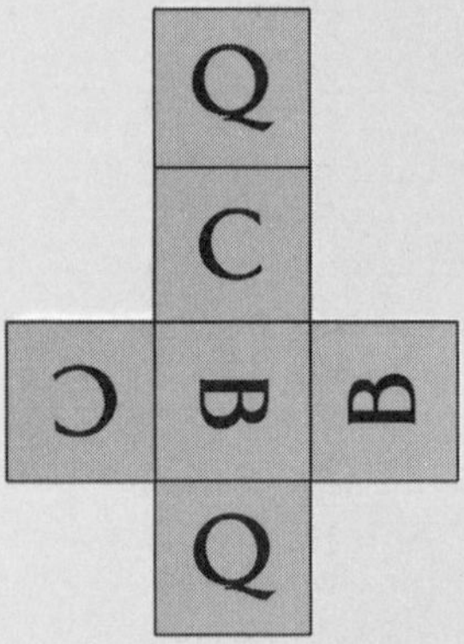

A B C D

92

DÉDALE

Déplacez-vous dans ce rectangle pour lire une blague de Cavanna. Vous devez utiliser toutes les lettres en passant de l'une à l'autre horizontalement ou verticalement mais jamais en diagonale. Démarrez dans un angle.

L	A	J	T	I	G	U
N	U	E	E	N	E	O
E	O	V	N	U	B	R
F	Y	A	N	T	A	I
I	L	E	S	E	N	U
E	L	L	T	U	A	Q
B	I	E	S	L	N	L
L	E	N	E	A	E	A
E	V	E	E	N	I	M

OBJECTIF 65

Atteignez la somme de 65 dans toutes les directions (horizontalement, verticalement et dans les deux grandes diagonales) en remplissant les cases vides par les chiffres de 1 à 25 ne figurant pas encore dans ce carré magique.

		22	7	
23	16			
	14		12	5
	9		10	
2		4		25

90 CRYPTOGRILLE

Cette grille cache un dessin. Les chiffres indiquent, dans l'ordre, la taille des blocs de cases noires sur la ligne ou la colonne correspondante. Deux blocs ne peuvent se toucher et sont donc séparés par au moins une case blanche. Une seule répartition est possible pour aboutir au dessin final. Que voyez-vous ? De quelle couleur est-il dans le film sorti en 1930 ?

	4	8	11	13 1	3 6 3	6 5	3 6 6	1 4 1 1 1 1 2	3 6 6	6 5	3 6 3	13 1	11	8	4
2 2															
2 2															
3 3															
2 2															
3 3															
3 3 3															
4 1 1 4															
4 3 4															
4 1 4															
5 3 5															
13															
6 6															
11															
3 3															
7															
1 1															
3															
2 2															
5															
3 3															
7															
9															

MOTOCROTTE

Sachant que chaque chiffre en tête de ligne ou de colonne indique le nombre de crottes qui s'y trouvent, localisez et représentez par des cercles les déjections laissées par les seize chiens de la grille pour permettre à la motocrotte automatisée de terminer son travail rapidement.

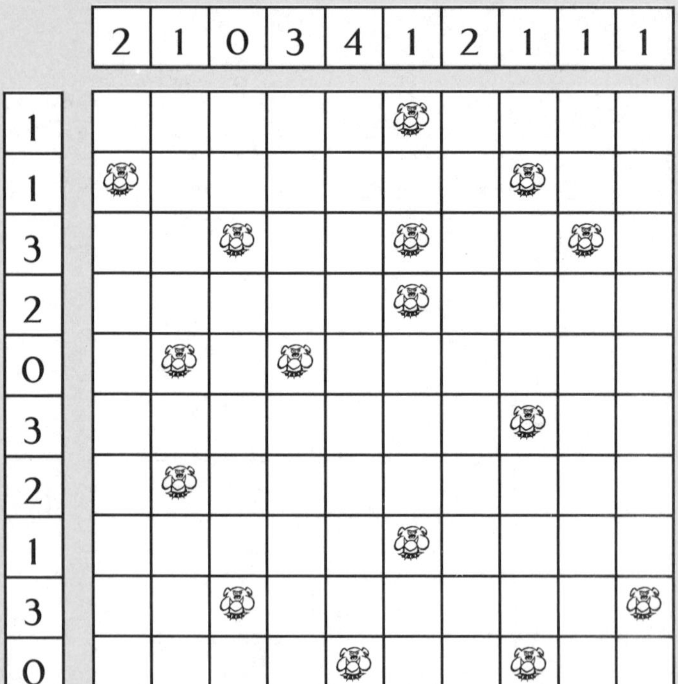

ORIENTATION

Toutes ces figures sont identiques sauf une. Laquelle ?

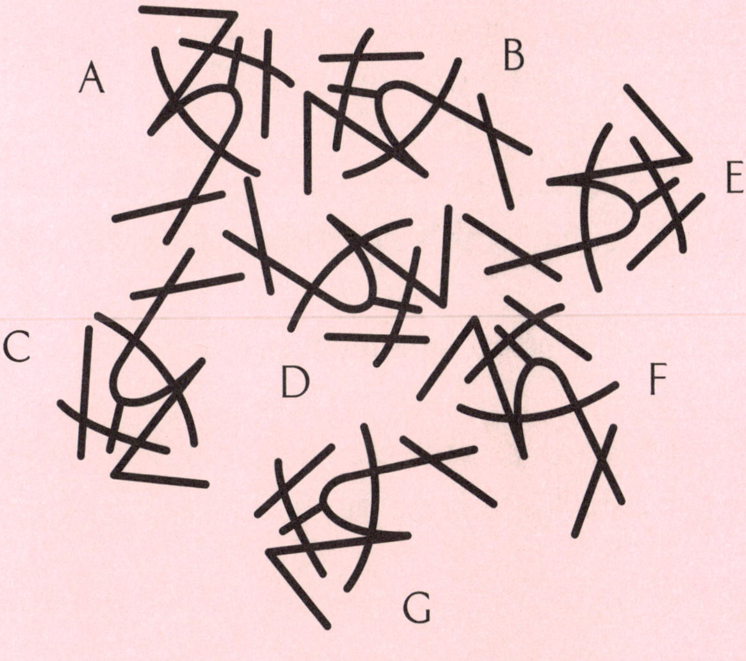

CHARADE

Mon premier est la vingt-et-unième lettre de l'alphabet.

Mon second est un accompagnement très fréquent dans la nourriture asiatique.

Mon troisième est la couleur la plus foncée.

Mon tout se trouve exclusivement dans les toilettes des hommes.

CURIOSITÉ

Quel pays est né de la fusion
des provinces suivantes :

Kashmir, Afghania, Indus-Sind,
Pandjab et Balouchistan ?

CRESCENDO

85

Ajoutez une à une les lettres proposées pour découvrir un nouveau mot à chaque ligne. Les mots à astérisque sont moins connus. Le mot final a un rapport avec le thème du livre.

M O I

+ R* = _ _ _ _

+ D = _ _ _ _ _

+ L = _ _ _ _ _ _

+ E = _ _ _ _ _ _ _

+ E* = _ _ _ _ _ _ _ _

+ L = _ _ _ _ _ _ _ _ _

+ U = _ _ _ _ _ _ _ _ _ _

84

SANDWICH

Complétez les mots horizontaux de six lettres. Plusieurs possibilités s'offrent parfois à vous mais une seule vous permettra de trouver l'expression argotique cachée signifiant « uriner ».

F	I		T	I	F
A	P		O	N	E
I	M		G	E	E
R	E		V	O	I
E	R		O	T	E
S	H		K	E	L
A	B		U	P	T
P	I		I	E	R
E	P		L	E	R
T	R		C	T	E
I	O		L	E	R
T	U		I	E	U
E	P		R	D	U
V	I		A	G	E
I	D		L	E	S
D	O		M	E	N
A	X		O	M	E
N	E		E	U	X
G	O		M	O	N
E	S		O	R	E

CRYPTOS RIGOLOS

À l'aide du tableau d'équivalence, décodez cette phrase du roman *Aux fruits de la passion* de Daniel Pennac.

a	*c*	*e*	*g*	*i*	*k*	*m*	*o*	*q*	*s*	*u*	*w*	*y*
b	*d*	*f*	*h*	*j*	*l*	*n*	*p*	*r*	*t*	*v*	*x*	*z*
										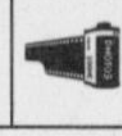		

LE TRÔNE

Je suis née vers 545 et morte en 597 à Paris.

Je suis proclamée reine de Neustrie après mon mariage avec le roi mérovingien Chilpéric Ier, fils de Clotaire et petit-fils de Clovis.

La seconde moitié du VIe siècle est marquée par ma rivalité avec Brunehaut, reine d'Austrasie et de Burgondie.

En 584, je donne naissance à un fils : le futur roi des Francs, Clotaire II.

Dès le Moyen Âge, on m'octroie le qualificatif de « reine sanguinaire », pour les meurtres que j'aurais commandités par soif du pouvoir.

Qui suis-je ?

BALANCES

Les deux premières balances sont équilibrées.
Combien faut-il déposer de carrés sur le plateau droit de la troisième pour obtenir le même résultat ?

80

ANAPHRASE

Les mots suivants n'ont qu'une anagramme connue, notez-la à droite. Les initiales des mots trouvés formeront verticalement un dixième mot qui, à son tour, n'a qu'une anagramme. Ces deux mots permettent de compléter la phrase :

« C'est en __________ *Horace* que Pierre Corneille s'est définitivement imposé comme un __________ hors pair. »

1. SOUPIRÉ _ _ _ _ _ _ _
2. PEELING _ _ _ _ _ _ _
3. MODULÉE _ _ _ _ _ _ _
4. DIGNOIS _ _ _ _ _ _ _
5. PIROGUE _ _ _ _ _ _ _
6. VALENCE _ _ _ _ _ _ _
7. SURTAXA _ _ _ _ _ _ _
8. COGNÉES _ _ _ _ _ _ _
9. RATURÉE _ _ _ _ _ _ _

CRYPTOGRILLE

Cette grille cache un dessin. Les chiffres indiquent, dans l'ordre, la taille des blocs de cases noires sur la ligne ou la colonne correspondante. Deux blocs ne peuvent se toucher et sont donc séparés par au moins une case blanche. Une seule répartition est possible pour aboutir au dessin final.
Quelle histoire cela vous rappelle-t-il ?

						2					4	4			
					5	2	2		4	4	3	1	4		
	6	3	1	2	1	1	2	3	1	1	1	2	3	4	4
	6	1	11	11	5	1	1	4	2	1	5	5	7	4	1
3 10															
2 10															
2 1 8															
1 3 7															
1 1 1															
1 4 3															
4 2 1															
1 3 3															
1 2 1															
1 4 1 1															
1 2 3 1															
1 3 1 3															
5 3 4															
3 3 4															
2 4															
4 5															

78

PASSE-TEMPS

Une rangée du premier groupe compte le même nombre d'hommes et de martiens qu'une rangée du second, à vous de trouver ces deux rangées !

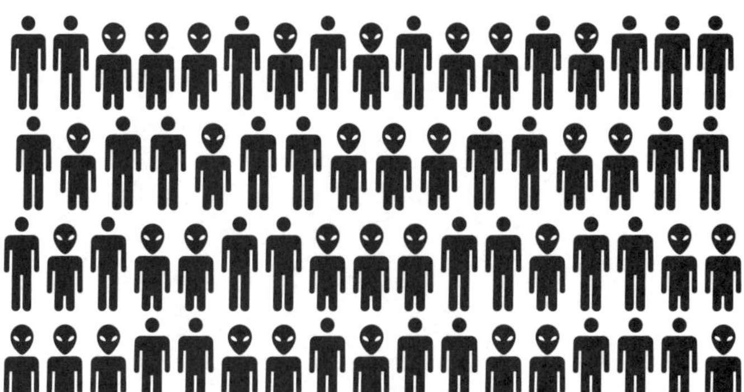

CURIOSITÉ

Quel mot contient une séquence de six lettres composée de trois L et de trois I ?

Attention, il faut bien que ces six lettres se suivent (inintelligible par exemple ne répond pas à la contrainte).

ROSACE

Remplissez la fleur en formant des mots à partir de ces séries de lettres. Écrivez-les de l'extérieur de la rosace vers le centre, comme dans les exemples. Attention aux anagrammes, il n'y a qu'une seule façon de compléter la grille en croisant les mots. Parcourez ensuite les cases plus foncées dans le sens des aiguilles d'une montre : vous découvrirez un nom anglais utilisant littéralement le mot pipi et signifiant « foutage de gueule ».

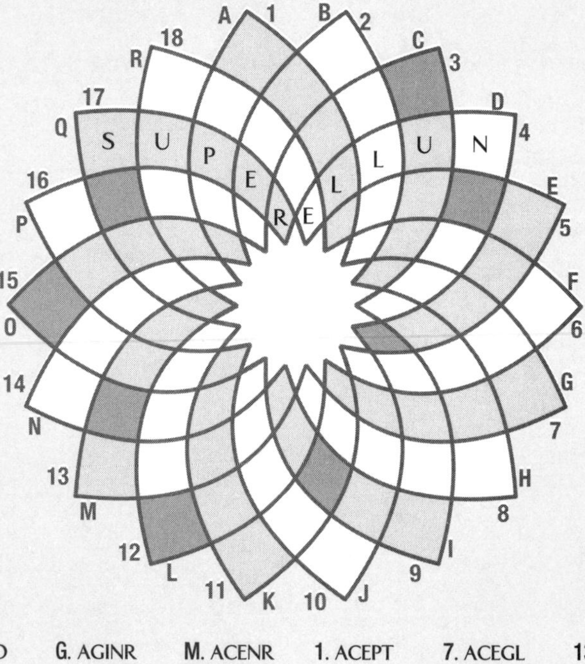

A. CELLO	**G.** AGINR	**M.** ACENR	**1.** ACEPT	**7.** ACEGL	**13.** ACILN
B. EFILN	**H.** AILNP	**N.** AENNP	**2.** EEFOR	**8.** EIOPR	**14.** AAPPS
C. EINPU	**I.** AINPS	**O.** EIKNO	**3.** EELPR	**9.** ALPST	**15.** AEKNR
D. CEEIN	**J.** ABIST	**P.** DEEIT	**4.** ELLNU	**10.** ABIIS	**16.** DENNO
E. AFIRS	**K.** ABILN	**Q.** EPRSU	**5.** EFIIN	**11.** ABINS	**17.** EEINS
F. FLOST	**L.** AEEPT	**R.** AEEPR	**6.** EFINR	**12.** AINTT	**18.** EINPU

DÉCOMPOSITION

Utilisez une seule fois chacune des treize lettres de TIRER LA CHASSE pour former des couples de mots répondant aux définitions ci-dessous (entre parenthèses le nombre de lettres du mot cherché) :

T I R E R L A C H A S S E

1. Individu masculin souvent louche (6) ______
   Ne pas y aller franco (7) _______

2. Surfaces de terrains (8) ________
   Couvrir de taches (5) _____

3. Fournir un nouvel emploi (9) _________
   Originaire de Bangkok (4) ____

4. Dents (8) ________
   Assaisonner (5) _____

5. Criminels (9) _________
   Détester (4) ____

74 PETIT COIN MALIN

En mettant les mots dans le bon ordre, retrouvez ce conseil du maréchal François de Villeroy (la ponctuation et les majuscules sont des aides).

leur plus. sont
faut pot tant
en tenir le tête
quand place, sur
ils aux sont la
ministres Il n'y
renverser le et
qu'ils chambre de

Sudoku

Utilisez une seule fois chacun des chiffres de 1 à 9 dans chaque ligne, chaque colonne et chaque zone aux contours noircis.

5		1		2	4			9
					6	4		
4		6			1			5
			1					7
9	7	4	6		5	8	2	1
6					8			
3			8			7		2
		7	4					
1			2	6		3		8

DIFFÉRENCES

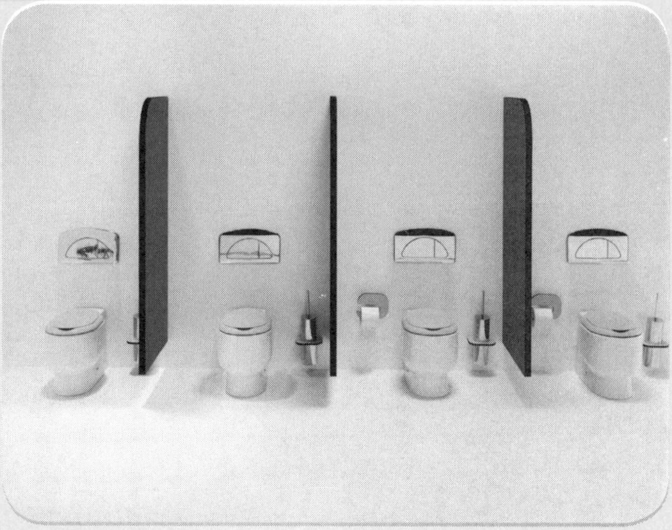

Trouvez cinq différences entre ces deux photos.

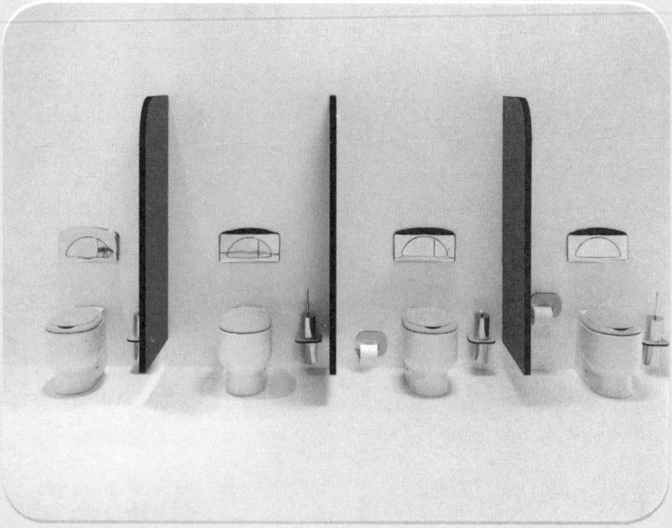

QUÈSACO

Quelle expression est suggérée ci-dessous ?

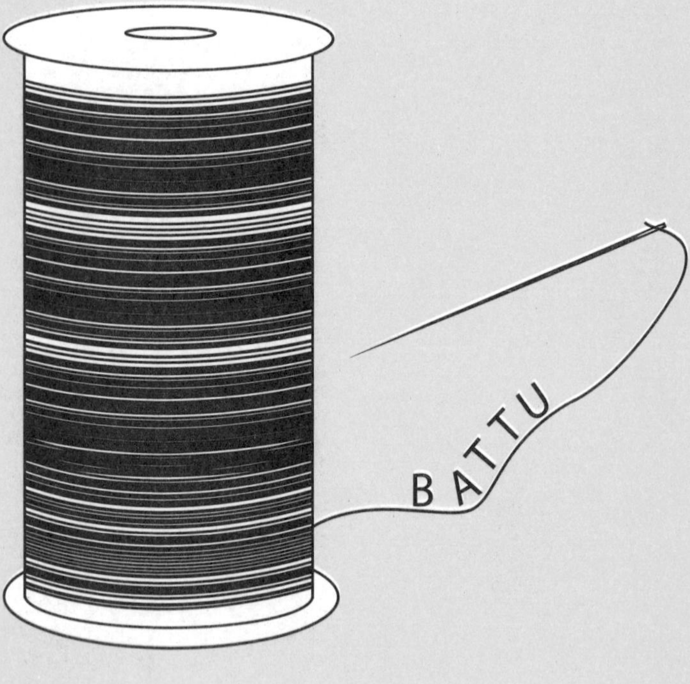

CHARADE

Mon premier est l'ensemble des parties comestibles des animaux de boucherie, en dehors de la viande.

Mon second se compte en heures, en mois, en années...

Mon tout est un objet qui permet de cacher l'intérieur de la cuvette des toilettes.

REMUE-MÉNINGES

69

Pour ce jeu collectif, reportez-vous à la page 4 pour plus d'indications.

Quelle expression évoquant à l'origine
un instrument de torture médiéval désigne
également deux femmes politiques,
l'une anglaise, l'autre israélienne,
mais aussi un monument parisien ?

Lorsque vous aurez trouvé l'expression,
pourrez-vous identifier le groupe
de heavy metal dont le nom est
la traduction de l'instrument de torture ?

68

COUPE-LETTRE

Biffez une lettre sur chaque ligne pour donner naissance à un mot de six lettres, sans changer l'ordre de celles-ci. Reportez la lettre biffée dans la case pour lire verticalement le nom de celui qui a déclaré : « L'amour, ça commence par la tête et ça finit par trois petites gouttes dans le tuyau du pipi. »

1. MASQUER ☐
2. CHAINER ☐
3. LAPIDES ☐
4. POIVRES ☐
5. NYMPHEA ☐
6. DEGOUTS ☐
7. BAROQUE ☐
8. COURTIL ☐
9. FREDONS ☐
10. ABONDER ☐
11. CLAQUET ☐
12. GENIAUX ☐

LOGIQUE

Quel chiffre complète logiquement le carré ?

1	7	13	2
11	19	20	5
12	18	22	9
2	4	6	?

ALPHAKU

Utilisez une seule fois dans chaque ligne, chaque colonne et chaque zone chacune des neuf lettres constituant cet alphaku. La grille vous révélera un nom bonus dans la ligne actuellement vide.

		S		N		E		P
		A			M			I
			S			N	R	
M		E	N					R
R					S	D		E
	E	P			D			
I			R			A		
N		R		A		I		

CRYPTOGRILLE

Cette grille cache un dessin. Les chiffres indiquent, dans l'ordre, la taille des blocs de cases noires sur la ligne ou la colonne correspondante. Deux blocs ne peuvent se toucher et sont donc séparés par au moins une case blanche. Une seule répartition est possible pour aboutir au dessin final. Que voyez-vous ?
Dans le titre de quel film avec Julia Roberts et Denzel Washington cet animal est-il présent ?

	1 5	2 5	3 4	1 4 4	1 2 3	3 1 2	1 1 7 1	12 2	1 5 2	2 3 2	2 6	3 1 1	4 1
3													
1 1													
8													
2 1													
2 2													
1 2													
1 4													
2 2 2													
5 2													
3 1													
7													
2 4 1													
4 5													
5 1 1													
6 4													
13													

LE TRÔNE

Je mets en scène le roi Ferrante, son fils Pedro qu'il cherche à marier à l'infante de Navarre, et Inès de Castro, mariée secrètement à Pedro et attendant un enfant de lui.

Je m'inspire librement de l'histoire des rois de Portugal Alphonse IV et Pierre Ier.

Je suis jouée par les comédiens du théâtre Montmartre au début du film *Le Dernier Métro* de François Truffaut.

Je suis une pièce de théâtre d'Henry de Montherlant, créée en 1942 et développant le thème classique de l'amour contrarié par la raison d'État.

Qui suis-je ?

PASSE-TEMPS

Vous trouvez le temps long ? Aidez (d'urgence !) ce personnage à rejoindre les toilettes.

62

CRYPTOS RIGOLOS

À l'aide du tableau d'équivalence, décodez cette phrase extraite de *Mémoires d'un amant lamentable* de Groucho Marx.

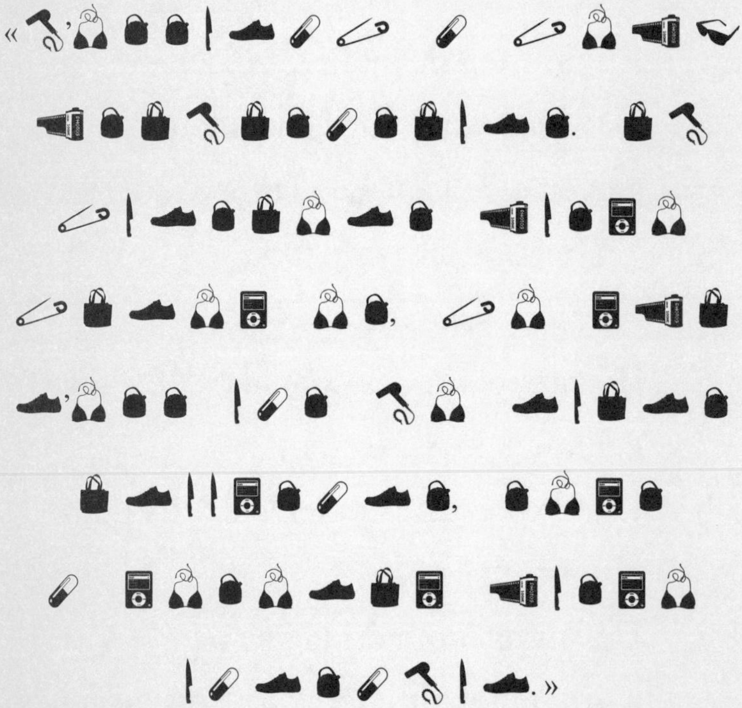

a	*c*	*e*	*g*	*i*	*k*	*m*	*o*	*q*	*s*	*u*	*w*	*y*
b	*d*	*f*	*h*	*j*	*l*	*n*	*p*	*r*	*t*	*v*	*x*	*z*

ENTRE DEUX MOTS

Trouvez les éléments suivants, sachant que les mots cherchés sont tous entre COOL et COULANTE dans l'ordre alphabétique (noms communs ou noms propres).

1. L'ingestion de matières fécales
2. Un signe placé dans chaque livre au verso de la page de titre
3. Un œil parfois tamponné
4. Au moins cinq oiseaux
5. Deux expressions contenant chacune deux fois le même mot
6. Une expression contenant deux noms d'animaux
7. Un animal chimérique né de l'agrégation des noms de trois oiseaux
8. Une capitale et quatre pays
9. Une actrice oscarisée
10. Un astronome

60

COLLAGE

Dix mots utilisés par les présentateurs de météo ont été découpés en morceaux. Reconstituez-les à partir des lettres ci-dessous.

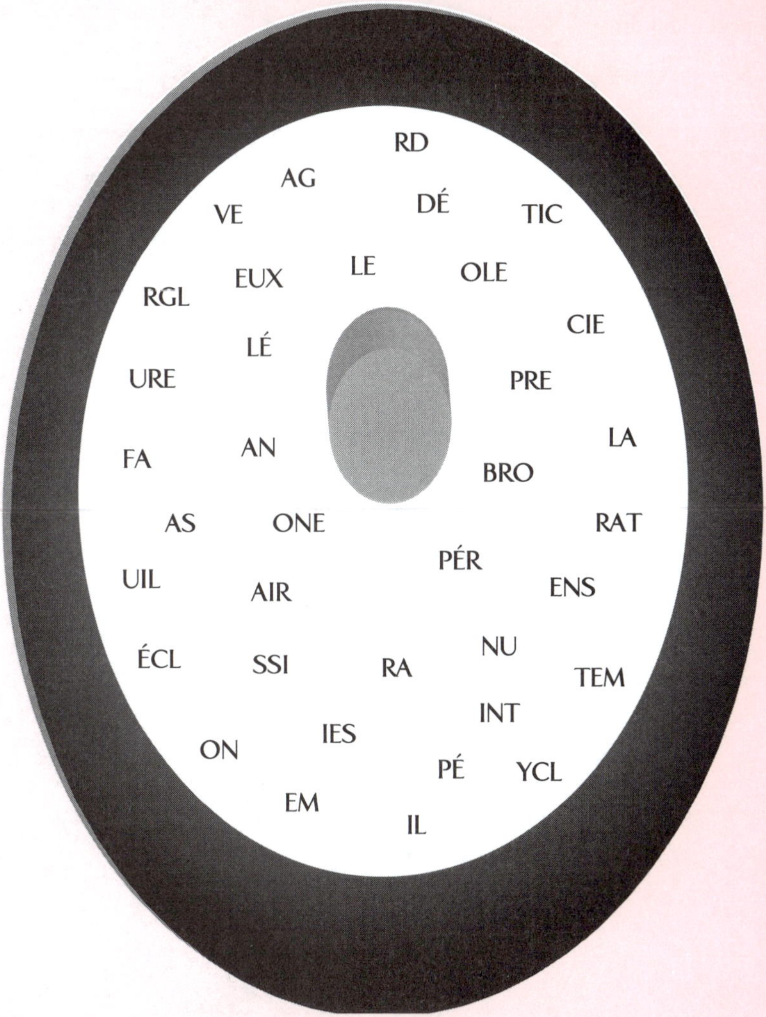

59

ÉTOILE

Chaque définition indique le point de départ et le point d'arrivée du mot à trouver. Remplissez la grille-étoile, puis réarrangez les lettres grisées dans l'espace réponse pour lire un participe présent plein de caca, c'est dit !

1-5. Chez lui, ce qui s'allonge se trouve au milieu du visage. **1-8.** Repère pour marins égarés. **2-10.** Film qui ne restera pas dans les annales. **3-30.** Excellent cuisinier ou plat à base de viande, de jambon et de fromage. **4-13.** Île des Antilles touchée par un violent séisme en 2010. **5-15.** Bien écouter ses parents. **6-7.** Lorsqu'elle fait rage, on n'est pas seul en course. **8-15.** Amocher salement. **9-20.** Début de règne. **11-22.** Manquant de sérieux. **12-23.** Jambe de certains animaux. **14-21.** Celle des jours a inspiré Boris Vian. **16-29.** Espoir d'amélioration par temps gris. **17-31.** Volé, mais avec finesse. **18-28.** Premier mois du printemps dans l'hémisphère Sud. **19-32.** Qui n'a pas d'oursins dans les poches. **24-25.** Prune faisant la fierté des Lorrains. **26-27.** Envoyant sur la paille.

LOGIQUE

Quel mot complète logiquement la série ?

2 5 1
7 0 6
1 3 5
B R I G A D I E R
4 0 5
6 1 9
J A R D I N
0 8 2
3 5 7
1 9 3
A U B E R G I N E
6 3 4
3 8 9
3 5
?

57

BÉGAIEMENTS

Tous les mots à trouver contiennent un « bégaiement », c'est-à-dire la répétition d'une même séquence auditive comme dans les mots « entêté », « millilitre » ou « balalaïka ».
Chercher est maintenant votre tâche.

1. Ce style en vogue au XVIIIe siècle est maintenant synonyme de ridicule et démodé.

2. C'est soit la saleté au sens… propre, soit la bassesse morale, l'ignominie.

3. Un règlement de compte à Paname pour Jean Gabin en 1966.

4. Ce bruit confus venant d'une foule serait un cri du diable.

5. C'est casser les pieds, alors que le cou est en son cœur.

Charade

Mon premier est un animal à bois.

Mon second est une personne proche
sans être de la famille.

Le chien remue mon troisième
lorsqu'il est content.

Mon tout est un matériau souvent utilisé
pour la fabrication des cuvettes de toilettes.

55

DICTIONNAIRE

Pour ce jeu collectif, reportez-vous à la page 4 pour plus d'indications.

Dans la partie noms propres du dictionnaire, le grand prêtre Caïphe est entouré de quatre noms connus :

Des îles, un autre personnage biblique, une chanson et une ville.

Pouvez-vous deviner ces quatre noms ?

54

MARIONS-LES !

Associez ces initiales (chiffre) à leur propriétaire concerné par l'indice (lettre). Notez vos réponses sous les chiffres pour lire horizontalement le mot bonus.

P. B.	1	A	Actrice suédoise
A. B.	2	T	Auteur des *Fleurs du mal*
L. B.	3	R	Président de l'Algérie
B. B.	4	S	Il mit à mort la peinc de mort
S. B.	5	M	Animateur de Motus
I. B.	6	H	Chanteur des *Copains d'abord*
C. B.	7	E	Meneuse de revue
G. B.	8	I	L'auteur de ce livre
F. B.	9	P	Animateur des Grosses Têtes
R. B.	10	N	Clarinettiste de *Petite fleur*
T. B.	11	G	Actrice du *Mépris*
J. B.	12	O	Partenaire d'Humphrey Bogart

1	2	3	4	5	6	7	8	9	10	11	12
_	_	_	_	_	_	_	_	_	_	_	_

PETIT COIN MALIN

En mettant les mots dans le bon ordre, retrouvez cette citation du révolutionnaire français Émile Pouget, extraite du journal *Le Père peinard* (la ponctuation et les majuscules sont des aides).

raisonner qui le
discussion de
foutent un Ceux
pot la chambre
de sous aiment
cul malade. se
comme d'un

52

MOTOCROTTE

Sachant que chaque chiffre en tête de ligne ou de colonne indique le nombre de crottes qui s'y trouvent, localisez et représentez par des cercles les déjections laissées par les seize chiens de la grille pour permettre à la motocrotte automatisée de terminer son travail rapidement.

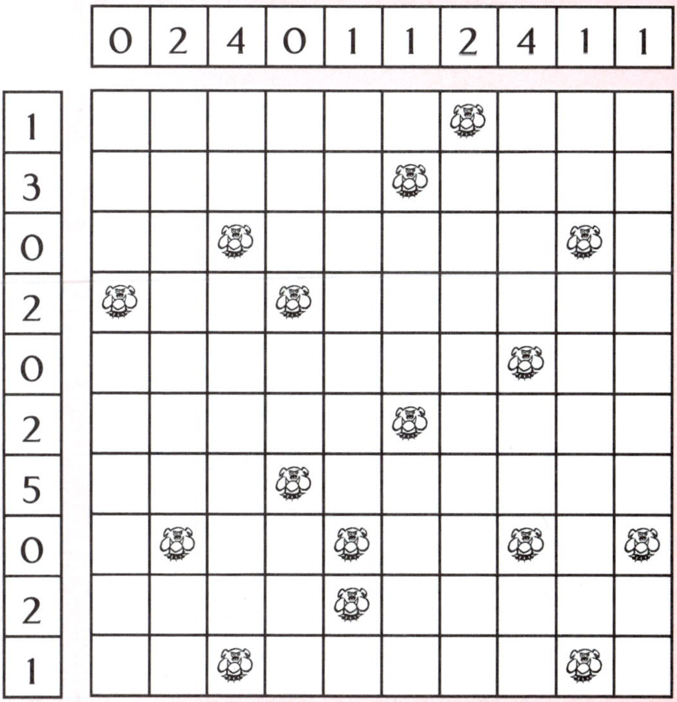

CRYPTOS RIGOLOS

51

À l'aide du tableau d'équivalence, complétez cette phrase extraite du roman *La Fée carabine* de Daniel Pennac : « On croit qu'on amène son chien pisser midi et soir… »

« …

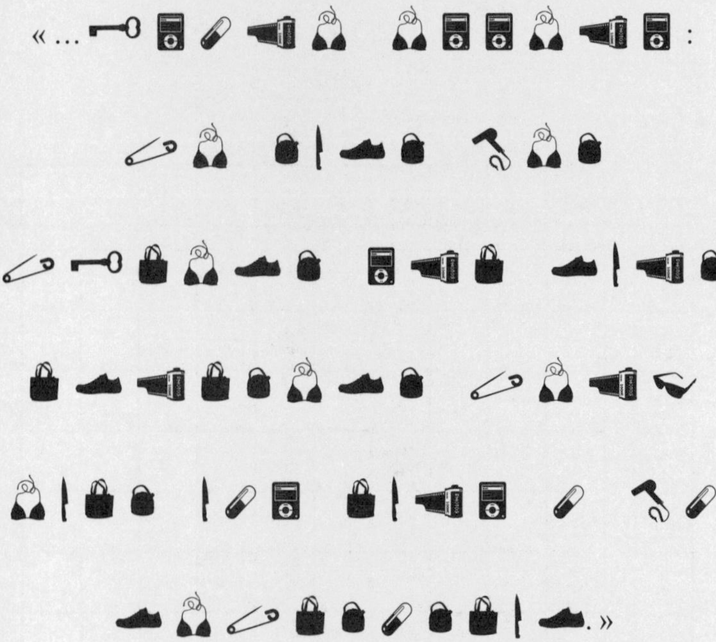

. »

a	***c***	***e***	***g***	***i***	***k***	***m***	***o***	***q***	***s***	***u***	***w***	***y***
b	***d***	***f***	***h***	***j***	***l***	***n***	***p***	***r***	***t***	***v***	***x***	***z***

50

LE TRÔNE

Je mets en scène trois personnages qui viennent chez un quatrième pour lui « serrer la pince ».

Comme ce dernier n'est jamais chez lui, les trois autres reviennent chaque matin de la semaine.

Mais le dimanche matin, le plus petit des trois conclut : « Puisque c'est ainsi nous ne reviendrons plus. »

Je suis une chanson traditionnelle française, qui use de l'effet de répétition.

Qui suis-je ?

MÉLI-MÉLO

49

Retrouvez trois territoires français. Pour chacun, l'initiale figure sur le premier panneau, la deuxième lettre sur le deuxième panneau, et ainsi de suite. Toutes les lettres doivent être utilisées.

____

____

____

DIFFÉRENCES

Trouvez cinq différences entre ces deux photos.

SANDWICH

Complétez les mots horizontaux de six lettres. Plusieurs possibilités s'offrent parfois à vous mais une seule vous permettra de trouver l'expression argotique cachée signifiant « détester quelqu'un ».

D	O		E	N	T
E	V		S	I	F
T	R		P	L	E
E	R		I	T	E
S	K		T	C	H
T	O		D	U	S
E	S		R	O	C
R	H		M	B	E
C	O		P	A	S
E	M		U	R	E
Q	U		T	E	R
U	L		U	C	O
I	N		P	T	E
D	E		H	E	T
A	M		U	R	S
M	A		A	D	E
C	H		Q	U	E
E	S		U	I	F
S	Q		I	R	E
T	R		P	A	S

46

MÉTAMORPHOSE

Rien ne se perd, tout se transforme.

En ajoutant un A à une bicoque sans prétention, vous trouverez une demeure de roi.

Vous devez bien entendu mélanger les lettres du mot de départ pour opérer la métamorphose.

Quels sont ces deux mots ?

CRYPTOGRILLE

Cette grille cache un dessin. Les chiffres indiquent, dans l'ordre, la taille des blocs de cases noires sur la ligne ou la colonne correspondante. Deux blocs ne peuvent se toucher et sont donc séparés par au moins une case blanche. Une seule répartition est possible pour aboutir au dessin final. Que voyez-vous ?

						1							
				1	2	1							
				1	3	1	1	1	2	1			
		3	3	1	3	5	9	4	3	3	3	3	
	5	3	3	1	2	1	1	1	2	1	3	3	5
5													
3 3													
1 1													
2 2													
1 3 1													
2 2 1 2													
1 3 1													
1 1 1													
1 2 1 1													
2 6 2													
1 7 1													
2 5 2													
1 3 1													
3 3													
5													

44

DÉDALE

Déplacez-vous dans ce rectangle pour lire un bon mot de Pierre Dac. Utilisez toutes les lettres en passant de l'une à l'autre horizontalement ou verticalement mais jamais en diagonale. Démarrez dans un angle.

S	C	T	E	S
E	U	I	S	E
N	N	O	B	L
S	B	O	N	T
E	R	C	S	N
L	U	S	F	O

43

MARIONS-LES !

Associez ces initiales (chiffre) à leur propriétaire concerné par l'indice (lettre). Notez vos réponses sous les chiffres pour lire horizontalement le mot bonus.

J. F.	1	A	Auteur d'*On purge bébé*
G. F.	2	X	Père de la psychanalyse
B. F.	3	S	Chanteuse de jazz
M. F.	4	I	Vainqueur français du Tour
S. F.	5	Y	Speakerine au rire mémorable
D. F.	6	E	Son journal a ému
E. F.	7	R	Inventeur du paratonnerre
F. F.	8	U	Chanteur de *Comme d'habitude*
L. F.	9	P	Dessinateur du Figaro
G. F.	10	Q	Président après Nixon
C. F.	11	M	Premier ministre de Sarkozy
A. F.	12	O	Chanteur du Big Bazar

1	2	3	4	5	6	7	8	9	10	11	12
_	_	_	_	_	_	_	_	_	_	_	_

42

PETIT COIN MALIN

En mettant les mots dans le bon ordre, retrouvez cette citation de l'écrivain français Jules Renard, extraite de son *Journal 1893-1898* (la ponctuation et les majuscules sont des aides).

un vieux âme un

de Mon pot

dort œil. où

chambre est

CHARADE

Mon premier est le mot moins châtié
qui désigne les fesses.

Mon second est le présent du verbe « aller »
à la première personne du singulier.

Mon troisième est la syllabe commune
à culotte, vêtement et crotte.

Mon quatrième complète la phrase
« le bébé … son pouce ».

Mon cinquième est un animal qui fait la roue.

Mon sixième est le passé simple du verbe
« devoir » à la première personne du singulier.

Mon tout est un modèle de toilettes particulier.

40 REMUE-MÉNINGES

Pour ce jeu collectif, reportez-vous à la page 4 pour plus d'indications.

Ailleurs, ma seconde syllabe est la version
exclusivement masculine
et plus âgée de ma première.

Et mon tout devient une actrice tout
ce qu'il y a de plus féminine. Qui est-elle ?

ROSACE

Remplissez la fleur en formant des mots à partir de ces séries de lettres. Écrivez-les de l'extérieur de la rosace vers le centre, comme dans les exemples. Attention aux anagrammes, il n'y a qu'une seule façon de compléter la grille en croisant les mots. Parcourez ensuite les cases plus foncées dans le sens des aiguilles d'une montre : vous découvrirez un mot étranger désignant les toilettes.

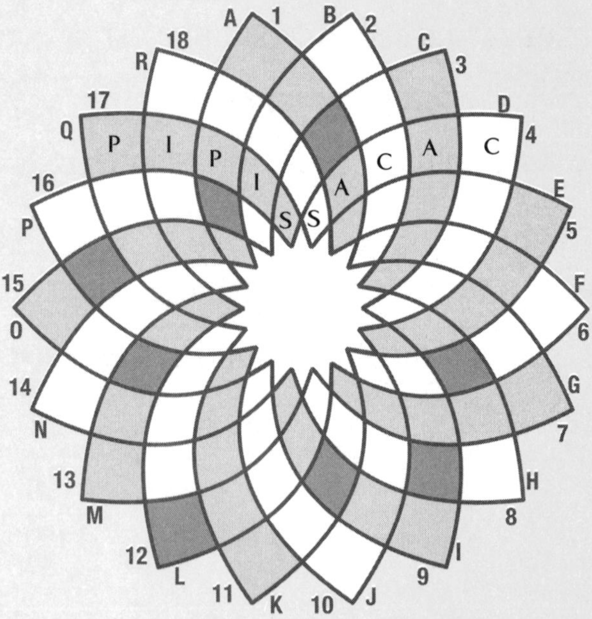

A. AMNOR	**G.** ADERT	**M.** EEIRV	**1.** EOPRS	**7.** CINOT	**13.** AEGUV
B. ACLLO	**H.** EENTT	**N.** CEOSS	**2.** ILNOP	**8.** AINRT	**14.** CEEIR
C. AACHM	**I.** EIOSS	**O.** FNOST	**3.** EHMOS	**9.** EMRSU	**15.** FORST
D. ACINT	**J.** EEPRU	**P.** ENOPS	**4.** AACCS	**10.** DENOR	**16.** EEOPS
E. DEIMN	**K.** AEGPS	**Q.** IIPPS	**5.** AADMN	**11.** EEPST	**17.** EENPS
F. EMORU	**L.** AERTT	**R.** CEEPS	**6.** AELMT	**12.** AEIPT	**18.** CEIST

38

LOGIQUE

Quel nombre doit remplacer le point d'interrogation ?

2 0

2 2

1 5

1 7

1

2 1

2

4

1 0 0

?

CHANSON À TROUS

37

Utilisez toutes les lettres ci-dessous pour former quatre mots complétant un couplet de *La Zone* de Bernard Lavilliers.

Pour les deux premiers mots :

B E E I M O P S S S T Z

Pour les deux suivants :

A C E E G H H I N N N O R S T

« Et sur des ______ bien proprettes

Riez beaucoup et ______ bien ;

C'étaient de braves gens _________

Bien installés dans le ________. »

Les initiales des mots à trouver sont dans l'ordre : T, P, H et C.

36 Sudoku

Utilisez une seule fois chacun des chiffres de 1 à 9 dans chaque ligne, chaque colonne et chaque zone aux contours noircis.

6	7		1	4		3	2	
	8	9						4
			5	8			9	7
	3				6	2		
7	1						4	3
		8	3				7	
8	2			3	5			
9						4	8	
	6	1		9	8		3	5

ORIENTATION

Toutes ces figures sont identiques sauf une. Laquelle ?

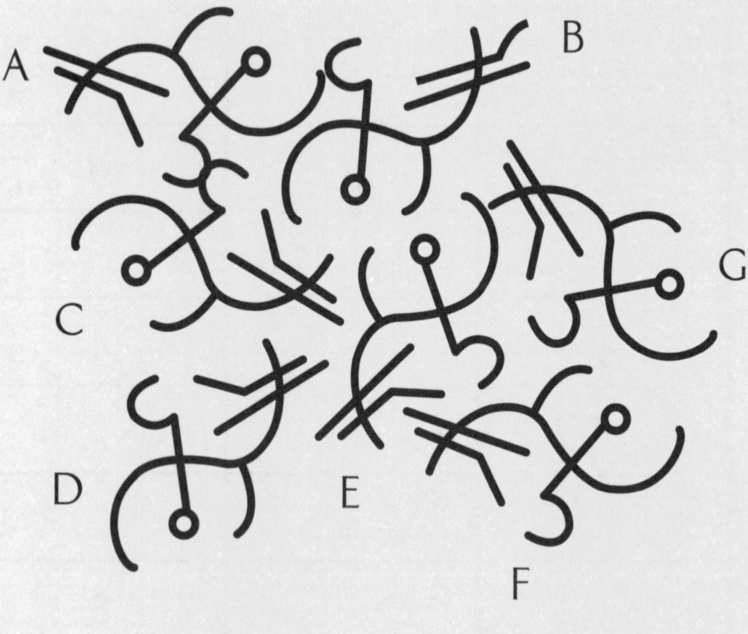

34

ANASTARS

Vous devez retrouver, dissimulés derrière deux anagrammes fantaisistes, le nom d'un rap de 2012 et celui du groupe qui l'interprétait. Aidez-vous des tirets pour reconstituer les mots cherchés.

DOMINATRICE

_ _   _ _ _ _ _ _ _ _ _

ODES AUX SAINTS

_ _ _ _ _ _   _ ' _ _ _ _ _ _

CRYPTOS RIGOLOS

33

À l'aide du tableau d'équivalence, décodez cette phrase de l'auteur humoristique français Noctuel.

a	*c*	*e*	*g*	*i*	*k*	*m*	*o*	*q*	*s*	*u*	*w*	*y*
b	*d*	*f*	*h*	*j*	*l*	*n*	*p*	*r*	*t*	*v*	*x*	*z*
	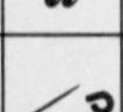		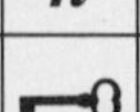						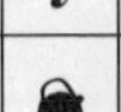			

32 CUBES... ESSAIS

Les lettres Q, B et C ont été inscrites chacune deux fois sur les faces d'un cube. Observez le dé développé et les quatre vues.
Laquelle ne peut pas provenir du dé développé ?

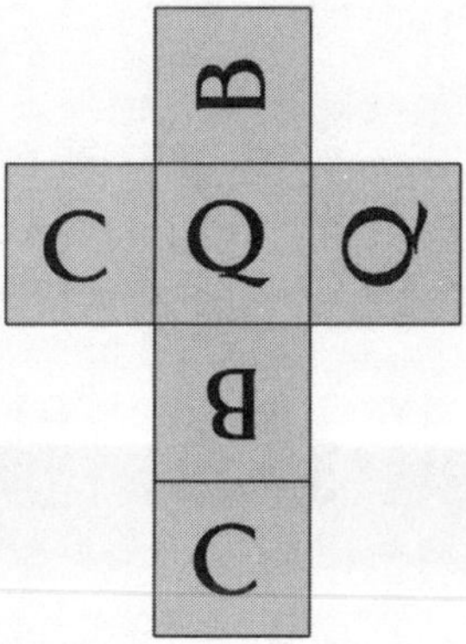

A B C D

PETIT COIN MALIN

31

En mettant les mots dans le bon ordre, retrouvez ce proverbe extrait du roman d'Ahmadou Kourouma, *Allah n'est pas obligé* (la ponctuation et les majuscules sont des aides).

ne pet fesses
jamais. Un
rattrape sorti
des se

30

LE TRÔNE

Je mets en scène Bérenger Ier,
Marguerite et Marie ses compagnes,
mais également les personnages de Juliette,
du Médecin et du Garde.

Je dépeins la dénégation, la révolte
et la résignation de Bérenger Ier face
à sa mort prochaine.

Les éléments de mon décor disparaissent peu
à peu, symbolisant la propre disparition
de Bérenger Ier.

Je suis une pièce de théâtre créée en 1962,
écrite en un mois par Eugène Ionesco,
alors malade et s'interrogeant sur la mort.

Qui suis-je ?

OBJECTIF 65

Atteignez la somme de 65 dans toutes les directions (horizontalement, verticalement et dans les deux grandes diagonales) en remplissant les cases vides par les chiffres de 1 à 25 ne figurant pas encore dans ce carré magique.

9	19		20	1
	4	21		8
2		13	3	24
25	7		6	

28 COUPE-LETTRE

Biffez une lettre sur chaque ligne pour donner naissance à un mot de six lettres, sans changer l'ordre de celles-ci. Reportez la lettre biffée dans la case pour lire verticalement le nom de celle qui a dit : « La femme est capable de tous les exercices de l'homme sauf de faire pipi debout contre un mur. »

1. MINCEUR ☐
2. EMPLOIS ☐
3. BRULANT ☐
4. EPINARD ☐
5. CABINET ☐
6. GRATINS ☐
7. MARTIEN ☐

CHARADE

Mon premier complète la série
d'adjectifs possessifs « ma, ta, ... ».

Mon second est le lieu
où l'oiseau couve ses petits.

Mon troisième est un synonyme
du mot carafe en cantine.

Mon quatrième est le contraire d'ici.

Mon tout est un système à moteur électrique
qui broie le contenu de la cuvette
et l'évacue avec les eaux usagées.

26 MOTOCROTTE

La motocrotte ou caninette est un petit engin motorisé chargé de ramasser les déjections canines dans la ville. Dans cette grille apparaissent dix chiens. Votre mission consiste à retrouver la position de la crotte que chacun a laissée (à une case de distance, horizontalement ou verticalement, jamais en diagonale). Les chiffres situés au début de chaque ligne et de chaque colonne indiquent le nombre de déjections qui s'y trouvent. Représentez celles-ci par des cercles et marquez d'un simple point les cases où il n'y a rien, pour reconstituer la totalité de la grille et permettre à la caninette automatisée de faire son travail rapidement.

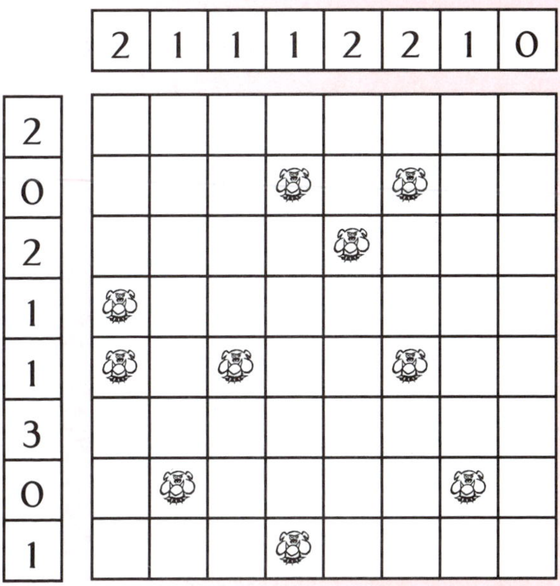

ENTRE DEUX MOTS

25

Trouvez les éléments suivants, sachant que les mots cherchés sont tous entre DIARRHÉE et DIODE dans l'ordre alphabétique (noms communs ou noms propres).

1. Au moins trois animaux
2. Un moyen de transport
3. Un clavier
4. Deux mots de l'univers musical
5. Deux mots liés au repas
6. Une bataille de 1954
7. Deux chefs-lieux de département
8. Deux écrivains
9. Une actrice née à Berlin
10. Un animateur de radio complice du Doc

24

DIFFÉRENCES

Trouvez quatre différences entre ces deux photos.

LOGIQUE

Quel nombre complète logiquement la série ?

REQUIN

14

BALEINE

5

FENNEC

3

LYNX

24

GNOU

?

22 QUÈSACO

Quelle expression est suggérée ci-dessous ?

N

R E

PÔ

U R

O T

CRYPTOGRILLE

Cette grille cache un dessin. Les chiffres indiquent, dans l'ordre, la taille des blocs de cases noires sur la ligne ou la colonne correspondante. Deux blocs ne peuvent se toucher et sont donc séparés par au moins une case blanche. Une seule répartition est possible pour aboutir au dessin final.
Quel sport bien français est ici évoqué ?

	2 1 2	3 1 4 1	8 1 3	3 1 4 3	2 1 1	1 1	1 1	1 1	3 3 2	1 1 4 1 4	6 4 3	2 2 1	3 1	2 2 1	4 1
3 3															
3 2 1															
3 3															
1 1															
5 1															
1 1 1 3															
1 1 2															
3 2 1															
1 1 2 2															
1 1 2 2															
7 4 1															
1 2															
2 2															
2 2															
2 3															
15															

20

DICTIONNAIRE

Pour ce jeu collectif, reportez-vous à la page 4 pour plus d'indications.

Dans la partie noms propres du dictionnaire, le mouvement littéraire et culturel associé à Jack Kerouac et son chef-d'œuvre *Sur la route* est entouré par deux noms connus :

Celui d'un chanteur dont la fille est actrice et celui d'un groupe britannique mythique de pop.

Pouvez-vous deviner ces trois noms ?

MARIONS-LES !

Associez ces initiales (chiffre) à leur propriétaire concerné par l'indice (lettre). Notez vos réponses sous les chiffres pour lire horizontalement le mot bonus.

J. H.	1	A	Sélectionneur de Platini
L. H.	2	O	*Le Vieil Homme et la mer*
S. H.	3	T	Il a écrit *Insurgez-vous*
E. H.	4	S	Footballeur français à Arsenal
A. H	5	B	Cinéaste du *Scarface* de 1932
B. H.	6	U	Le maître du suspense
V. H.	7	I	Idole des jeunes, naguère
M. H.	8	H	Le père des *Misérables*
H. H.	9	L	L'un des Beatles
G. H.	10	N	Pilote automobile
C. H.	11	E	Il faisait entrer l'accusé
T. H.	12	C	Chanteuse de jazz

1	2	3	4	5	6	7	8	9	10	11	12
_	_	_	_	_	_	_	_	_	_	_	_

18 CHANSON À TROUS

Utilisez toutes les lettres ci-dessous pour compléter un extrait de la chanson de Jacques Brel, *Amsterdam*. Le premier groupe est pour les deux premiers mots, le second pour les deux derniers.

Pour les deux premiers mots :

A C E E H L M N N N O P T T T U

Pour les deux suivants :

D E E E F I I I L N N P S S S T

« Se _ _ _ _ _ _ _ _ _ _ le nez au ciel

Se _ _ _ _ _ _ _ _ _ _ dans les étoiles

Et ils _ _ _ _ _ _ _ _ _ comme je pleure

Sur les femmes _ _ _ _ _ _ _ _ _ _ _. »

Les initiales des mots à trouver sont dans l'ordre : P, M, P et I.

CRYPTOS RIGOLOS

17

À l'aide du tableau d'équivalence, complétez cette phrase extraite du roman *Mémoires d'un jeune homme dérangé* de Frédéric Beigbeder : « Albert Cohen s'est trompé : ce ne sont pas les bruits de chasse d'eau qui tuent l'amour… »

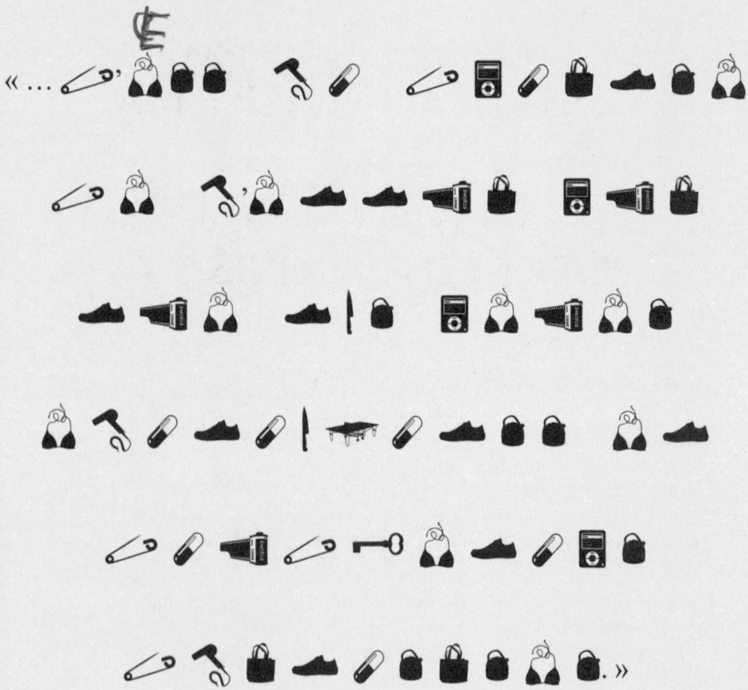

a	*c*	*e*	*g*	*i*	*k*	*m*	*o*	*q*	*s*	*u*	*w*	*y*
b	*d*	*f*	*h*	*j*	*l*	*n*	*p*	*r*	*t*	*v*	*x*	*z*
	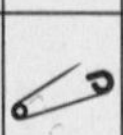											

DÉDALE

Déplacez-vous dans ce rectangle pour lire une plaisanterie d'Oscar Wilde. Vous devez utiliser toutes les lettres en passant de l'une à l'autre horizontalement ou verticalement mais jamais en diagonale. Démarrez dans un angle.

J	R	S	I	T	G
O	A	P	O	F	N
U	R	T	E	V	I
E	R	E	R	E	L
M	J	A	R	D	I
U	F	R	R	A	C
D	E	E	T	F	A
R	E	T	S	E	C

REMUE-MÉNINGES

Pour ce jeu collectif, reportez-vous à la page 4 pour plus d'indications.

Je suis une ville mais, entourée de caca, j'en deviens l'habitant. Qui suis-je ?

14

LE TRÔNE

Mon personnage protagoniste est inspiré d'un certain Félix Hébert, professeur de physique.

Ce personnage incarne la plupart des vices les plus primaires, comme la goinfrerie, la bêtise ou la méchanceté ; ses expressions favorites sont « merdre » et « de par ma chandelle verte ».

Le nom de ce personnage est repris dans mon titre.

Je suis une pièce de théâtre d'Alfred Jarry, créée en 1896 et mêlant absurdité, humour gras et satire.

Qui suis-je ?

Substitution

Observez les mots suivants et repérez une lettre qui leur est commune. Trouvez ensuite quelle lettre substituer à celle-ci pour former de nouveaux mots (par exemple, en substituant B à G, on transformera « verge, courgette, agouti, gravement » en « verbe, courbette, abouti, bravement »).

MASQUANT

CHEMISE

SAVARIN

TORSADE

SONNETTE

FRASQUE

12

CRESCENDO

Ajoutez une à une les lettres proposées pour découvrir un nouveau mot à chaque ligne. Les mots à astérisque sont moins connus.

S O I

+ U = _ _ _ _

+ L = _ _ _ _ _

+ B = _ _ _ _ _ _

+ C = _ _ _ _ _ _ _

+ E* = _ _ _ _ _ _ _ _

+ R = _ _ _ _ _ _ _ _ _

+ R = _ _ _ _ _ _ _ _ _ _

+ H* = _ _ _ _ _ _ _ _ _ _ _

11

SANDWICH

Complétez les mots horizontaux de six lettres. Plusieurs possibilités s'offrent parfois à vous mais une seule vous permettra de trouver une expression argotique visant une personne laide.

O	C		I	R	E
U	R		T	R	E
I	N		T	A	R
P	E		A	N	T
H	O		S	S	E
Y	A		K	E	E
S	A		A	N	E
I	R		T	I	S
Q	A		I	D	A
U	R		E	T	E
E	A		L	E	S
I	V		T	T	E
N	U		N	C	E
G	R		L	O	T
R	Y		H	M	E
A	D		L	T	E
T	O		S	O	N

10

ANAPHRASE

Les mots suivants n'ont qu'une anagramme connue, notez-la à droite. Les initiales des mots trouvés formeront verticalement un dixième mot qui, à son tour, n'a qu'une anagramme. Ces deux mots permettent de compléter la phrase :

« Je l'ai encore entendue _ _ _ _ _ _ _ _ _ _
qu'elle était la plus belle alors
que je lui avais fait _ _ _ _ _ _ _ _ _ _
de ne plus se vanter de la sorte. »

1. HÉRITÉ _ _ _ _ _ _
2. GAVERA _ _ _ _ _ _
3. LOGENT _ _ _ _ _ _
4. FATMAS _ _ _ _ _ _
5. OPTION _ _ _ _ _ _
6. GORETS _ _ _ _ _ _
7. LITRER _ _ _ _ _ _
8. PÉCORE _ _ _ _ _ _
9. SUCRER _ _ _ _ _ _

CHARADE

9

Mon premier est la première
lettre de l'alphabet.

Les jeunes enfants s'assoient sur mon second
pour faire pipi comme les grands.

Mon troisième désigne la trace laissée
par un pied humain sur le sol.

Mon quatrième est le contraire de tard.

Mon cinquième est le mot « jour » en espagnol.

Mon sixième est le tonneau où l'on met le vin.

Mon septième est la note
qui vient après *sol* dans la gamme.

Mon huitième est identique à mon quatrième.

Mon neuvième est le contraire de vrai.

Mon dixième est un préfixe qui signifie
« deux fois ».

Mon tout est la peur d'être constipé
ou de la constipation elle-même.

PETIT COIN MALIN

En mettant les mots dans le bon ordre, retrouvez cette citation du journaliste et animateur français Bernard Pivot, extraite de *Le Métier de lire* (la ponctuation et les majuscules sont des aides).

heureux. une
qui et chasse
une d'eau, est
animal l'homme
sédentaire
un Avec vit
télécommande

COLLAGE

7

Les noms de dix médaillés d'or français aux Jeux olympiques ont été découpés en tranches. Reconstituez-les à partir des lettres ci-dessous.

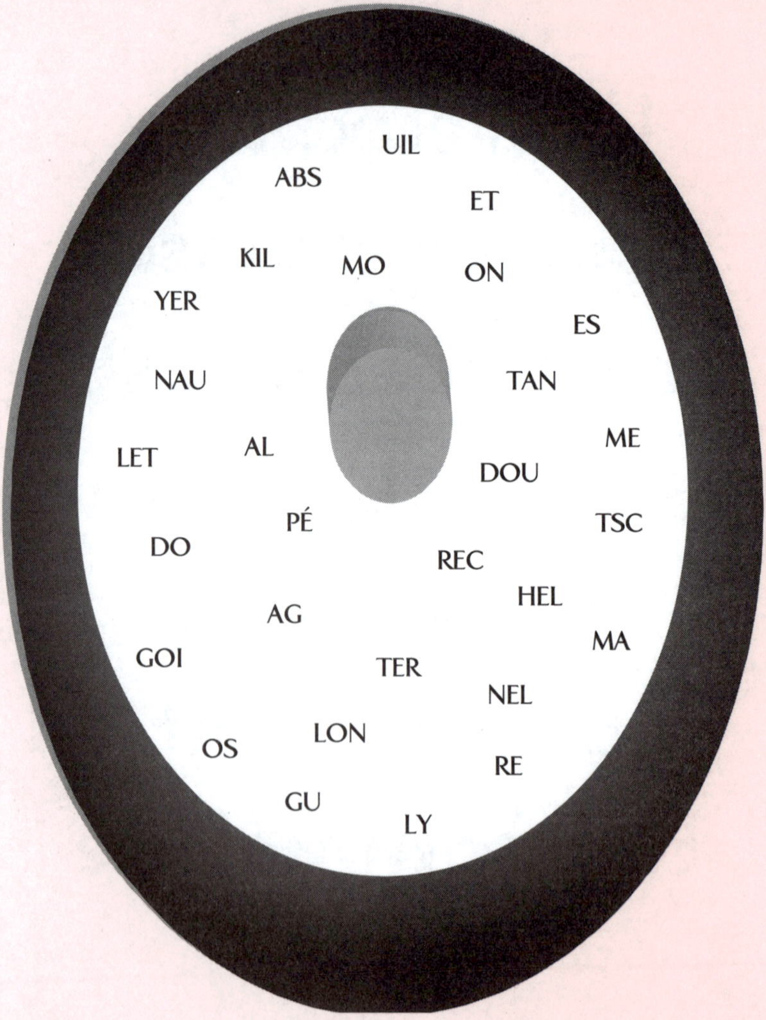

6 ALPHAKU

Utilisez une seule fois dans chaque ligne, chaque colonne et chaque zone chacune des neuf lettres constituant cet alphaku. La grille vous révélera le nom secret, si vous regardez dans la bonne colonne.

R				E	M		S	
	C	T		U	R	I		
	S		T					
		M				T		
	U	E		T		S	M	
		C				E		
					U		C	
		I	R	M		O	U	
	O		C	I				E

5

DÉCOMPOSITION

Utilisez une seule fois chacune des treize lettres de CROTTE DE BIQUE pour former des couples de mots répondant aux définitions ci-dessous.

Par exemple : Petite chèvre (8 lettres) : BIQUETTE

Fond de scène (5 lettres) : DÉCOR

Ces deux mots, « biquette » et « décor », utilisent bien les treize lettres de « crotte de bique » une seule fois chacune.

C R O T T E D E B I Q U E

Sur le même principe, identifiez les couples suivants (entre parenthèses le nombre de lettres du mot cherché) :

1. Nourriture pour chien (9) _ _ _ _ _ _ _ _ _
   Échec d'un spectacle (4) _ _ _ _

2. Un allumeur (7) _ _ _ _ _ _ _
   Baisse de valeur (6) _ _ _ _ _ _

3. Prendre en compte (7) _ _ _ _ _ _ _
   Attentif à son look (6) _ _ _ _ _ _

4. Manger (9) _ _ _ _ _ _ _ _ _
   Saucisse savoyarde (4) _ _ _ _

5. Singe comme l'atèle (6) _ _ _ _ _ _
   Bistrot (7) _ _ _ _ _ _ _

4

MÉLI-MÉLO

Retrouvez trois acteurs français. Pour chacun, l'initiale figure sur le premier panneau, la deuxième lettre sur le deuxième panneau, et ainsi de suite. Toutes les lettres doivent être utilisées.

LOGIQUE

3

Quel chiffre doit remplacer le point d'interrogation ?

13	3	4	3	3
17	7	2	4	8
25	5	5	0	0
21	2	10	5	0
101	4	25	2	?

CRYPTOS RIGOLOS

À l'aide du tableau d'équivalence, décodez cette phrase du romancier français Frédéric Dard : « Selon les sondages, les Français consomment cinquante-huit rouleaux annuels… »

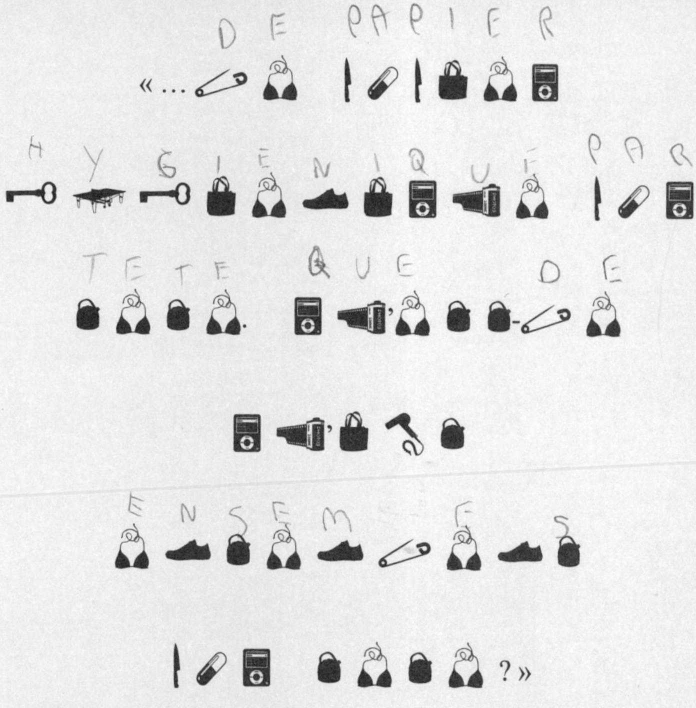

a	*c*	*e*	*g*	*i*	*k*	*m*	*o*	*q*	*s*	*u*	*w*	*y*
b	*d*	*f*	*h*	*j*	*l*	*n*	*p*	*r*	*t*	*v*	*x*	*z*

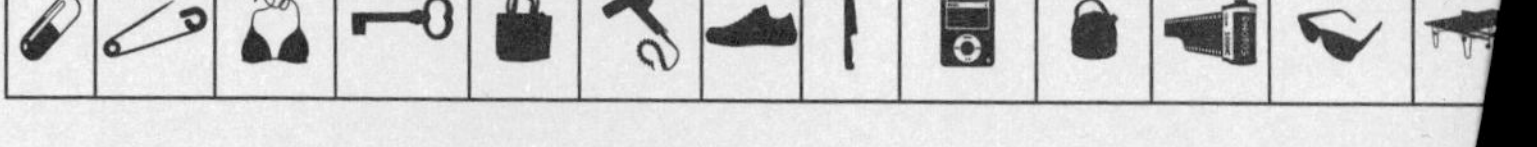

ANAPHRASE

1

Les mots suivants n'ont qu'une anagramme connue, notez-la à droite. Les initiales des mots trouvés formeront verticalement un dixième mot qui, à son tour, n'a qu'une anagramme.
Ces deux mots permettent de compléter la phrase :

« Sur ce toit, la GIROUETTE
se trouve juste en aplomb
de la GOUTTIERE. »

1. FARGUE GAUFRE
2. PRIMAI IMPAIR
3. VIORNE RENVOI
4. TORCOU OCTUOR
5. MUTILÉ ULTIME
6. FOUINE ENFOUI
7. ACHETÉ TACHEE
8. SIESTE TISSEE
9. CENNES ENCENS